« DIEU VA TE SUSPENDRE PAR LES CILS »

SONIA KRIMI
Avec Matthieu Pelloli

« DIEU VA TE SUSPENDRE PAR LES CILS »

Robert
Laffont

ISBN 978-2-221-24316-9
Dépôt légal : février 2020

« Je vous souhaite de respecter les différences
des autres, parce que le mérite et la valeur de chacun
sont souvent à découvrir. Je vous souhaite de résister
à l'enlisement, à l'indifférence et aux vertus négatives
de notre époque. Je vous souhaite enfin de ne jamais
renoncer à la recherche, à l'aventure, à la vie,
à l'amour, car la vie est une magnifique aventure
et nul de raisonnable ne doit y renoncer
sans livrer une rude bataille. »

Jacques Brel

« Impose ta chance,
Serre ton bonheur et va vers ton risque.
À te regarder, ils s'habitueront. »

René Char, *Les Matinaux*

Prologue

Krimi.

Sur un CV aujourd'hui, pour une jeune femme d'un quartier difficile qui chercherait du travail, pareil nom de famille serait certainement un handicap. Pour une députée de La République En Marche trentenaire tout juste élue, c'est un tremplin.

Je ne suis pas naïve. Si je m'appelais Sonia Dupont, personne ne parlerait de moi. J'attire les projecteurs d'abord pour de mauvaises raisons. « C'est une femme, c'est une Maghrébine, elle ne parle pas très bien français, elle est jeune, elle ne maîtrise pas les codes, elle va trébucher, faire une gaffe, commettre un impair… » C'est ce que les Français guettent depuis « Loft Story », autrement dit depuis qu'ils se sont passionnés pour la vie des autres en les observant par le trou de la serrure : le lapsus, la bourde, l'anecdote, le *clash* sont jugés plus intéressants qu'un discours. Hélas, la forme est devenue le fond. Regardez comment Sibeth Ndiaye a concentré l'attention des médias lorsqu'elle a été nommée porte-parole du gouvernement. Parce que c'est une femme, parce qu'elle est noire… Mais qu'en est-il de l'essentiel ? du cœur du discours ?

Sonia Krimi. Mon sexe, mon âge et mon parcours ont donné un écho particulier à mes débuts en politique. Désormais, j'entends bien faire parler de moi pour d'autres raisons que celles qui m'ont spontanément valu l'attention des médias.

Au second tour des élections législatives de 2017, je suis élue députée de la 4e circonscription de la Manche. Cherbourg-en-Cotentin où je vis devient mon fief en politique. Un retour sur mes premiers pas au palais Bourbon s'impose.

Débuts professionnels dans la Manche

Je suis arrivée à Cherbourg, maintenant nommée Cherbourg-en-Cotentin, à la fin de l'année 2013. Cette préfecture maritime et sous-préfecture de la Manche est jolie, et c'est une cité portuaire, ce que j'apprécie car cela me rappelle mon enfance. Mais lorsqu'on vient de Tunis, comme moi, c'est un catapultage au pays des Vikings.

À Cherbourg, située à l'extrémité nord du Cotentin, le vent souffle fort, les vagues frappent durement la côte, et les éléments mettent les autochtones à rude épreuve. Le sel et les embruns ont forgé leur caractère bourru, rugueux, mais il s'agit d'une carapace, ce que j'ai pu découvrir par la suite. Quoi qu'il en soit, la topographie elle-même témoigne de cette atmosphère sauvage et de cette nature impétueuse ; la ville, pour y faire face, s'est protégée avec l'une des plus grandes rades artificielles au monde. Cherbourg est aussi une cité chargée d'histoire. Les Anglais et les Français se sont disputé cette place stratégique, au Moyen Âge, puis elle est devenue un port militaire de premier plan, sous l'impulsion de Louis XVI et de Napoléon Ier. Les transatlantiques en partance pour le Nouveau Monde avaient fait de Cherbourg leur rampe de lancement, au début du XXe siècle ; puis les Alliés avaient marqué l'endroit d'une croix rouge sur leurs cartes du Débarquement, faisant de la ville leur objectif principal. Bref, qu'il s'agisse d'histoire ou de culture – les fameux *Parapluies de Cherbourg*, avec Catherine Deneuve –, Cherbourg est une ville que tous les Français connaissent.

Je fais mes premiers pas dans la Manche en tant que consultante senior pour Efeso consulting, leader mondial du conseil en excellence opérationnelle. Le groupe Efeso compte plus de cinq cents consultants de quarante-cinq nationalités à travers le monde et des bureaux dans plus de vingt-six pays. J'étais fière d'y appartenir. Plus précisément, j'étais spécialisée dans l'industrie nucléaire. J'ai donc effectué des missions dans plusieurs entreprises du secteur, et elles sont nombreuses dans la Manche. J'ai travaillé pour Areva, pour plusieurs sous-traitants du nucléaire spécialisés dans l'usinage des conteneurs pour le combustible nucléaire, ainsi que pour Naval Group. De 2013 à 2017, j'ai développé mon expertise dans le domaine de la performance industrielle. J'aidais les chefs d'entreprise ou de départements à construire des indicateurs de qualité et de performance. Pour faire simple, j'effectuais du contrôle de gestion, mais avec des outils très améliorés.

Je créais de nouveaux standards, puis je formais les collaborateurs. En tout, j'ai collaboré avec et supervisé environ trois mille personnes durant quatre ans.

D'une façon générale, je suis restée très attachée au concept de contrôle de gestion et aux instruments d'évaluation qui le caractérisent. J'utilise ces mêmes instruments dans ma mission de députée aujourd'hui, en connaissant par exemple précisément la date d'ouverture de chaque dossier, son état d'avancement et le planning à respecter ainsi que la charge de travail de mes équipes.

Dans la Manche, pendant mes quatre ans en tant que consultante dans le secteur privé, j'ai rencontré de nombreuses personnes avec lesquelles j'ai eu le temps de m'entretenir longuement. J'ai toujours eu de l'aisance pour aller vers les autres et j'ai tissé des liens forts avec beaucoup d'habitants du département. Souvent en déplacement, j'ai également observé que, presque bizarrement, les gens m'invitaient souvent… à dormir chez eux ! J'avais l'impression d'être Antoine de Maximy – dont j'adore le travail –, le réalisateur et producteur de l'émission « J'irai dormir chez vous » sur France 5. Au cours de mes voyages, en Inde ou au Népal, il m'est arrivé d'être hébergée chez l'habitant, mais jamais en France ! Je le prenais comme un succès et une marque de reconnaissance, d'autant que les Cherbourgeois, les Manchois et les Normands en général, ne sont pas des gens qui parlent beaucoup – moi si ! –, ni des personnes qui invitent facilement chez elles. Oui, quelque chose se passait et, d'ailleurs, j'ai fini par ne plus dormir à l'hôtel. J'étais en train de rencontrer la population, de faire sa connaissance et le courant passait bien. Pour tout dire, c'est comme ça que j'ai décidé de me présenter aux législatives quelques semaines plus tard.

Le déclic fut d'autant plus étonnant qu'avant l'élection présidentielle de 2017, je n'avais jamais voté ! Je suivais l'actualité et le débat d'idées, mais je ne m'étais pas encore sentie capable de participer à un scrutin. À qui aurais-je donné mon bulletin de vote en 2012 ? J'aurais voté François Hollande… et j'aurais eu énormément de regrets ensuite, c'est certain. En fait, j'aurais préféré qu'en 2012 Ségolène Royal soit à nouveau candidate. Elle a ses défauts, mais elle reste un monstre politique qui me fascine. J'ai d'ailleurs eu l'occasion de la rencontrer. Je participais à un colloque à Paris avec l'association Woman Save (ONG de lutte contre l'excision des femmes). J'étais la personnalité politique chargée d'ouvrir le débat, puis de discuter avec les spécialistes qui avaient été invités. Mais la veille, Ségolène Royal a fait… du Ségolène Royal. Elle s'est invitée et a pris ma place. Elle s'est chargée d'ouvrir le débat – je n'avais même plus la parole ! La voici donc, au micro ! Cerise sur le gâteau, elle n'a même pas dit un mot sur l'excision, elle n'a parlé que d'elle, que de son livre ! La candidate socialiste à la présidentielle de 2007 a du courage, et beaucoup de qualités dont je m'inspire, mais : toujours tirer la couverture à soi est un défaut (commun à de nombreux politiques) dont je ne veux jamais être accusée.

Pour autant mes premiers mots n'ont pas été pour annoncer que je deviendrai députée de la République. Enfant puis adolescente, je n'avais aucun goût pour la politique dans son acception la plus terne – celle qui, aujourd'hui, l'a autant coupée des électeurs –, la politique de la petite phrase, des éléments de langage, de la *punch line*, des manœuvres d'appareil, du coup de barre à gauche, puis à droite, de la guerre de partis, des alliances contre-nature, de la terre brûlée… Durant mon enfance la politique représentait un univers verrouillé, dont je ne possédais ni les clés ni les codes. En Tunisie où je suis née et où j'ai grandi, c'était Zine el-Abidine Ben Ali, ses affidés, ses courtisans, les grandes familles qui tenaient le pays. C'était un petit monde clos où il convenait d'être bien né, bien élevé et bien… aidé pour accéder aux plus hautes fonctions dans l'appareil d'État. C'était une galaxie à des années-lumière de mes préoccupations et de mon quotidien. La politique comme une vocation, un métier, je n'y songeais même pas. Il faut savoir qu'en Tunisie, contrairement à la France, il n'y a pas d'instruction civique à l'école. Pourtant, si je ne m'intéressais pas à la politique politicienne, je manifestais de la curiosité à propos des grands sujets de société : les conditions de vie, l'école, l'éducation, les droits des femmes.

Je disposais déjà d'une conscience morale – d'une « éthique personnelle », oserais-je si le terme n'était pas si pompeux... – et je n'hésitais pas à donner mon avis. Je me rappelle très bien que je décidai de ne plus adresser la parole au mari d'une tante parce que j'avais appris qu'il la frappait. Haute comme trois pommes, j'étais capable de manifester ma désapprobation sans frémir et, surtout, sans que personne m'ait encouragée à le faire. À cette époque tout le monde faisait semblant, mais je n'acceptais pas ce genre de compromis que je considérais comme des compromissions. Je ne parle toujours pas à cet oncle, je ne lui dis plus bonjour. Dans ma vie, d'une façon générale, je pense avoir rarement fait semblant. Tout en restant courtoise, bien entendu, en faisant attention aux autres et à leurs sentiments. « La franchise ne consiste pas à dire tout ce qu'on pense, mais à penser tout ce qu'on dit », comme le disait l'écrivain Hypolite de Livry[1].

Rhaiem, mon père, ne s'intéressait pas à la politique ; pourtant, je me souviens très précisément d'un

1. Hypolite de Livry, *Pensées, réflexions, impatiences, maximes, sentences*, Paris, Ogier, 1808.

événement au cours duquel la politique et notre président de la République se sont invités dans ma vie d'enfant. Mon père était apolitique, il n'avait rien d'un anarchiste ou d'un dangereux révolutionnaire. Il exprimait d'ailleurs rarement des opinions liées à ceux qui nous gouvernaient, sauf ce jour-là. J'étais dans le salon, occupée à colorier une petite moulure en plâtre que nous avions réalisée en classe d'arts plastiques. L'objet représentait, calligraphiée en lettres et en chiffres, la date du 7 novembre 1987, c'est-à-dire le jour de la prise de pouvoir de Ben Ali. C'était un bibelot de décoration, comme les enfants en fabriquent à l'école pour la fête des Mères ou la fête des Pères, il aurait pu servir de serre-livres. Je coloriais le 7 avec un feutre rouge et tentais d'y accrocher un petit drapeau tunisien lorsque la voix de mon père, que je n'avais pas entendu rentrer, m'a fait sursauter : « Sonia, mais qu'est-ce que tu fabriques ? » J'avais 10 ans, je n'ai pas compris le sens de sa question. Mon père s'est tourné vers l'ami qui l'accompagnait et qui observait, mi-attendri, mi-consterné, ma sculpture : « Tu as vu ce qu'ils font à nos enfants ? » À son intonation, j'ai compris qu'il dénonçait une manipulation, une influence illégitime et délétère. « Les enfants tunisiens ne doivent aimer que leur patrie, ils n'ont pas à rendre hommage à une personne ou à un dirigeant », a-t-il ajouté, lui qui était pourtant si peu politisé.

Cette phrase m'a profondément marquée, mais, à cette époque-là, j'ignorais que c'était à la faveur d'un « coup d'État médical » contre le père de l'indépendance tunisienne Habib Bourguiba – autoproclamé président à vie – que Zine el-Abidine Ben Ali était arrivé au pouvoir. « Un acte de redressement, de salut national », avait-il dit à l'époque, se drapant dans sa dignité et brandissant l'intérêt général et la grandeur du pays pour justifier son acte. « Je devais rétablir l'État de droit [...]. Le président était malade et il avait un entourage néfaste », s'était-il justifié lors d'une interview donnée à une chaîne de télévision française en 1988. Mais la toge de vertu dont le putschiste s'était paré s'est vite effilochée... Gangrené par la corruption et le népotisme, le nouveau régime est rapidement devenu répressif, avant de purement et simplement sombrer dans la dictature. Militaire de carrière formé en partie en France (ESM Saint-Cyr et EAA) et aux États-Unis (académies de Fort Holabird et de Fort Bliss), « Zaba » (surnom donné à Zine el-Abidine Ben Ali par ses opposants) ne s'embarrassait guère du concept de démocratie et de liberté d'expression, la police d'État se chargeant d'étouffer dans l'œuf tout mouvement contestataire et d'intimider presse et syndicats.

Régulièrement, je me suis remémorée cette anecdote, qui m'a servi à construire patiemment ma pensée, à réfléchir par moi-même. En fait, plus j'y pensais, plus cela me paraissait limpide : je dois aimer davantage ma patrie qu'une personne en particulier, qui la représenterait. Bien sûr, je ne dois aimer que ma patrie. Adolescente puis jeune femme, je me répétais cette phrase toute simple comme un mantra. J'aurais voulu pouvoir en faire part à toutes les personnes qui m'étaient proches, et à celles que je rencontrais. N'aimer que sa patrie : ces quelques mots ressemblaient à un garde-fou contre le culte de la personnalité que Zaba tentait – plus ou moins discrètement – de mettre en place. Cette révolution intellectuelle personnelle que j'étais en train d'effectuer, ce désir farouche de liberté de penser – indispensable socle d'une liberté politique – a, par la suite, eu sur d'autres aspects de ma vie des répercussions que je n'aurais pas imaginées.

Quelques années plus tard, Jad, mon premier amoureux, en a fait les frais. J'avais une quinzaine d'années et, à l'époque, le pouvoir en place se plaisait à rassembler la jeunesse pour l'instrumentaliser, à la transbahuter en bus pour exhiber son enthousiasme et sa joie de vivre aux quatre coins du pays, sous l'œil des caméras. La plupart des jeunes Tunisiens n'y voyaient qu'une distraction qui ressemblait à une sortie scolaire, ou bien à une joyeuse colonie de vacances – les occasions de se divertir n'étant pas si nombreuses –, à cet âge où les esprits ne sont pas encore trop politisés, où ils ne s'inquiètent pas encore de la récupération flagrante dont ils font l'objet. Car la réalité, pour ceux qui voulaient bien la regarder en face – et s'en inquiéter –, c'était que nos dirigeants fournissaient discrètement tee-shirts, drapeaux, haut-parleurs, et qu'il s'agissait bel et bien de chanter la gloire du régime et de Zaba. Comme dans toute dictature qui se respecte, l'unique slogan autorisé était fourni clés en main : « Vive Ben Ali, vive Ben Ali ! » Il va de soi que je ne l'ai jamais entonné, pour la simple et bonne raison que je ne me suis jamais rendue à ce genre de manifestations pro-régime. Un jour, à la télévision, j'ai aperçu Jad scander « Ben Ali ! » au premier rang, et, subitement, son image s'est ternie. « Je ne peux pas être amoureuse de quelqu'un qui crie "Ben Ali" bêtement sans réfléchir », ai-je pensé. Le verdict était rapide, sévère, mais je ne respectais plus Jad. À travers toutes ces observations, ces réflexions – et cette rupture ! – je me construisais, me découvrant libre de penser autrement.

Mes parents m'ont offert la liberté : « Tu fais ce que tu veux, tant que tu ne nous emm… pas, tant qu'on n'a pas la police, les voisins qui viennent se plaindre. Tu es libre. » Cette liberté, j'ai commencé très jeune à en faire un atout et je veux continuer à la mettre à profit. Lorsque je prends une décision, je ne me pose pas beaucoup de questions. Je tranche… et ensuite je cherche les moyens de parvenir à l'objectif que je me suis fixé. Dans un second temps seulement, je m'interroge sur le comment, le quoi, le qui. Cette façon de procéder – et de mener mon existence – que j'essaie maladroitement de conceptualiser est résumée dans une formule attribuée au général de Gaulle : « L'intendance suivra. » J'adore cette formule – même si le Général lui-même a nié l'avoir prononcée – pour signifier de façon impérieuse que les moyens devront s'adapter. « La seule manière de faire du bon travail, c'est d'aimer ce que vous faites » – cette fois ce n'est pas le général de Gaulle qui parle, mais Steve Jobs, le légendaire P.-D.G. d'Apple. Lorsque j'aime (ce que je fais), non seulement je ne compte pas – mon temps, mes efforts –, mais de surcroît j'arrive à convaincre les gens et à les entraîner dans mon sillage. C'est un fait et c'est un trait de ma personnalité : j'ai besoin de construire, de me projeter, d'aller de l'avant. J'aime ceux qui bâtissent, pas ceux qui pérorent et dont les projets sont à l'horizon (l'horizon, c'est ce qui recule lorsqu'on avance). J'ai toujours parlé de mes objectifs, échangé, et mes projets se sont mis en marche de cette manière. Parmi mes atouts, je dispose d'une vraie capacité à rassembler les autres et à les convaincre de m'accorder leur confiance. Je ne leur promets pas le monde des Bisounours ; au contraire, je les préviens : « Attention, nous n'allons pas être d'accord sur tout, mais ce n'est pas gênant. Mieux vaut des désaccords clairs que des malentendus durables. » Avec mes parents, les choses se sont passées de façon identique. J'ai su les persuader de me faire confiance. Lorsque j'avais une quinzaine d'années par exemple, ma mère a accepté que j'invite mon petit copain de l'époque à la maison, ce qui n'était pas dans les us et coutumes tunisiens, et ne se faisait pour ainsi dire jamais dans les autres familles. « Tu es libre, tant que tu sais jouir de cette liberté avec raison », me répétait-elle. J'ai bien reçu le message. Charge à moi ensuite de l'appliquer au mieux.

La gauche – la droite

Ma gauche n'est pas une gauche exclusive, sectaire, qui t'ostracise parce que tu n'appartiens pas au courant de pensée majoritaire ou parce que tu as l'audace de lui dire qu'elle se trompe. C'est une gauche accueillante, ouverte, nourrie du débat d'idées. En marche… silencieuse, très peu pour moi ! Ma boussole, au contraire, c'est cette phrase étincelante du romancier Albert Camus : « Mais rien n'est vrai qui force à exclure[1]. »

Comme mon écharpe de députée, j'arbore fièrement, en bandoulière, ma capacité à penser librement. Au sein de la majorité présidentielle, c'est un trait de caractère qui me distingue de plusieurs de mes camarades LREM (et je mesure combien d'ennemis cette seule phrase va me valoir). Mais je n'exclus pas les gens parce qu'ils pensent autre-

1. Albert Camus, *L'Été*, Paris, Gallimard, 1954.

ment, parce qu'ils ont des points de vue différents du mien ; au contraire, je leur sais gré de cette altérité. Mes lectures m'ont appris à me méfier des idéologies. Nietzsche, dans *Humain, trop humain*[1], nous prévient : « Il y a longtemps déjà que j'ai fait remarquer que les convictions sont peut-être des ennemis plus dangereux pour la vérité que les mensonges. » Je n'ai pas de convictions, ou pour être plus précise, je m'efforce de ne pas en avoir… Par exemple, je me souviens bien des mots que j'ai choisis lorsque en plein mouvement des Gilets jaunes j'ai pris la parole à la tribune de l'Assemblée, au sujet de la loi anticasseurs. J'ai dit, à dessein : « Je ne vais pas vous parler de mes convictions, mais de la réalité… Sur cent personnes que les forces de l'ordre ont interpellées, cinquante personnes ne pouvaient voir aucune charge retenue contre elles. Concernant l'autre moitié, un simple rappel à l'ordre a été suffisant pour les trois quarts. » Je suis opposée aux lanceurs de balles de défense (LBD), je refuse que la police ou la gendarmerie tirent sur des manifestants, en visant la tête, comme cela est parfois arrivé. Lors des émeutes de 2005, comment le gouvernement et les forces de police, de gendarmerie, avaient-ils fait ? Je ne suis pas spécialiste du maintien de l'ordre,

1. Friedrich Nietzsche, *Humain, trop humain*, vol. I, Paris, Mercure de France, 1886.

mais je me rappelle qu'il n'y avait pas eu autant de blessés. Et pourtant, c'était la droite qui était au pouvoir ! Néanmoins, je n'ai pas entendu, dans les propos des responsables d'alors, des phrases aussi humiliantes que celles formulées en 2018-2019 – même si on garde en mémoire le fameux terme de « racaille » prononcé par Nicolas Sarkozy alors ministre de l'Intérieur, sur la dalle d'Argenteuil. Oui, les Gilets jaunes ont eu raison de déplorer le mépris de certains ministres.

La grande question qu'on m'a souvent posée ressemble à un sujet de dissertation en philosophie politique : « Le macronisme est-il de droite ou de gauche ? » Je suis députée de la Manche, alors je vais donner une réponse de Normande : ce mouvement compte des sympathisants très à gauche et des sympathisants très à droite, mais le centre de gravité du parti se trouve dans un électorat qui va du centre gauche à la droite. Et moi dans tout ça ? Sur les questions de société – droits de l'homme, mariage homosexuel, procréation médicalement assistée (PMA) pour toutes – je me range très à gauche ; oui, sur les questions de société, j'ai le sentiment que l'opinion est souvent en avance et le législateur toujours en retard. Sur les questions d'égalité, de même qu'à propos des prestations sociales, je dirais que je suis davantage de centre gauche. Pour parler comme les exégètes du Parti socialiste, je résumerais ma ligne en relevant que je suis davantage Jaurès que Clemenceau. Prenons un exemple concret : je ne demande pas davantage de moyens pour les cités, je demande que les personnes bénéficient des mêmes droits et des mêmes accès à l'emploi et à la culture qu'en dehors de ces lieux qualifiés de territoires perdus de la République.

Venons-en aux questions économiques, sujet sur lequel je revendique clairement un positionnement de centre droit. Je considère en effet que le budget, les impôts, les dépenses publiques, la gestion et l'efficacité de l'Administration sont des questions fondamentales. En fait, pour être plus précise, je dirais que ces sujets ne sont pas considérés comme des thèmes de gauche mais que j'ai envie, très envie – et qu'il est urgent – de les intégrer au périmètre de la gauche. Partant de ce postulat, le Venezuela est un exemple terrible… J'ai le sentiment que ce pays illustre parfaitement la façon dont la gauche, une fois parvenue au pouvoir, peut pécher par idéologie. Oui, j'ai toujours vu une extrême gauche totalement déboussolée dès qu'il s'agit de gestion, parce qu'elle tient un discours doctrinaire, théorique. Le gouvernement vénézuélien rêve d'une société égalitaire, mais il assèche toutes les ressources du pays sans les faire fructifier. C'est un raisonnement à court terme. Redistribuer à la population, c'est très bien, mais pour redistribuer à long terme, il faut investir. La vérité, c'est que les Vénézuéliens ont élu des représentants qui connaissent par cœur toutes les théories marxistes mais sont incapables d'appliquer des raisonnements économiques basiques comme le fait de ne pas exporter plus qu'on ne produit ou simplement ne pas se contenter d'une seule ressource minière. En conséquence, le Venezuela, qui dispose de réserves de pétrole absolument gigantesques, ne parvient même pas à produire son propre pétrole. Le pays n'a pas d'autre solution que d'externaliser cette étape aux États-Unis. L'inflation galopante conduit les habitants excédés dans les rues de la capitale à l'heure où j'écris ces lignes.

J'en arrive à mon parcours personnel. Qu'est-ce qui m'a fait quitter la gauche ? La réponse est simple, et je sais donner une date avec précision. Benoît Hamon, en 2017, lorsque je l'ai entendu expliquer : « Mon ennemi, c'est le *lean management* » (ce que j'appelle l'excellence opérationnelle[1]). Ses propos m'ont rappelé François Hollande, en 2012, lors d'un meeting de campagne au Bourget et sa déclaration de guerre tonitruante : « Mon véritable adversaire [...] c'est le monde de la finance. » Sur ce front, l'offensive s'est vite soldée par une capitulation en rase campagne... François Hollande comme Benoît Hamon se trompent d'analyse. Les banquiers existent depuis longtemps, ils existeront sans doute toujours, et l'ex-

1. Concept propre à l'industrie que l'on pourrait décrire comme une démarche visant à exploiter au mieux les schémas existants et à résoudre les problèmes récurrents de la production industrielle.

cellence opérationnelle n'est pas une ennemie, mais une alliée dont nous avons plus que jamais besoin ; en fait, la manière dont nous redistribuons les richesses est le problème. Lorsque Benoît Hamon a prononcé cette sentence j'ai pensé que la gauche était morte. Cette révélation n'a fait que renforcer mon choix de rejoindre En marche !

Le *lean management*, je connais ça par cœur, c'était mon métier avant d'être députée. Et je peux citer, pour ma seule circonscription, de nombreux services publics où cette méthode, qui vise à améliorer les performances et se concentre sur la gestion sans gaspillage, pourrait être appliquée avec de réels avantages. Prenons l'exemple de beaucoup d'hôpitaux en France. Le contrôle de gestion y fait défaut, les équipes ne sont pas valorisées, car la direction et les chefs de service considèrent que le management ne fait pas partie de leurs attributions ; en conséquence, les équipes n'ont pas le temps de mettre en place des réunions interservices, de se coordonner, et dans le meilleur des cas, lors des rotations d'effectifs, la transmission des informations médicales se fait pendant le temps de repos du personnel soignant.

Dans ces hôpitaux, très peu de services ont mis en place une organisation efficace, avec des indicateurs de qualité et d'efficacité. L'idée n'est pas de faire du chiffre, de compter le nombre de dossiers traités – il est question ici de santé avec des parcours uniques, les situations individuelles pouvant être extrêmement différentes. Mon propos n'est en aucun cas de dire : « Il faut que tu t'occupes de dix patients. » Plutôt – et c'est fondamentalement différent : « Comment t'aider pour que tu fasses mieux ? » Je veux remettre les femmes et les hommes au cœur du fonctionnement de l'hôpital, qu'ils se réapproprient leur lieu de travail. Je veux que les institutions publiques parviennent à identifier de vrais managers et à les faire progresser dans la hiérarchie. Je veux qu'on valorise des gens en position de gérer des équipes, capables de dire : « Bravo, tu as fait une super journée, tu as accompli un travail de qualité. »

Je viens d'évoquer les raisons qui m'ont conduite à quitter la gauche, du moins les partis de gauche. Mais pour sortir, encore faut-il entrer. Ceux qui m'avaient ouvert la porte, pour ainsi dire, sont les écrivains de gauche. Ils ont construit ma conscience politique, ils m'ont amenée, d'une façon plus générale, à réfléchir sur ma vie. Il y a eu Michel Onfray – beaucoup (!), j'y reviendrai – mais je ne résiste pas, d'ores et déjà, à l'envie de citer cette belle définition qu'il donne de la gauche : « Qu'est-ce qu'être de gauche ? C'est croire à un certain nombre de valeurs que sont la solidarité, la fraternité, le partage, la générosité, la communauté, le don, la gratuité... Croire à ces valeurs n'est pas suffisant, il faut aussi les pratiquer quotidiennement dans sa vie, les incarner au jour le jour. La gauche a ses croyants ; je préfère ses pratiquants. Être de gauche, ça n'est pas voter à gauche (ça serait trop simple…), c'est mener une vie de gauche. La preuve de la gauche n'est donc ni le bulletin de vote, ni l'adhésion à un parti, ni la revendication tonitruante d'une appartenance idéologique, mais la vie de gauche qu'on mène – ou non[1]… »

J'ai lu beaucoup de littérature arabe : Naguib Mahfouz, écrivain égyptien contemporain et intellectuel réputé, Gibran Khalil Gibran, poète libanais d'expression arabe et anglaise. Jusqu'à 20 ans, j'ai vécu dans une société trop rigoriste, trop religieuse, et ces auteurs m'ont aidée à repenser le monde. Leurs livres m'ont permis de m'évader, d'élargir mes horizons. J'ai lu aussi Taha Hussein, romancier, essayiste égyptien – aveugle tout au long de sa vie, il fut ministre de l'Éducation nationale sous Gamal Abdel Nasser –, les œuvres de Fatou Diome, de Paul Samba, de Simone Veil, d'Aristide Briand (ses écrits sur la laïcité notamment), du philosophe Alain. Mais je ne lis pas que des écrivains ou des essayistes de gauche. J'aime les ouvrages de Jean d'Ormesson ou les analyses de Jacques Attali. Toutes ces lectures m'ont donné envie, au fur et à mesure, de faire de la politique.

1. Michel Onfray, « La chronique mensuelle de Michel Onfray », n° 84, mai 2012.

J'ai besoin d'avoir des projets pour avancer, pour construire. Résultat ? Depuis que j'ai été élue députée, je n'ai jamais été aussi heureuse de toute ma vie... ni aussi frustrée de toute ma vie. Les deux vont de pair car j'ai la satisfaction d'avoir des leviers pour agir, mais pas aussi puissants que je le voudrais. À l'Assemblée, je vote des lois, mais je n'ai pas une équipe de deux cents personnes à ma disposition pour faire avancer mes dossiers et mes propositions. Je sais désormais à quel point il faut se battre pour rendre son action la plus efficace possible. J'ai compris que si je dépose un amendement sur un texte de loi, je ne dois pas attendre les bras croisés qu'il soit soutenu par le gouvernement, puis, dans le meilleur des cas, voté. J'appelle au préalable les personnes influentes, je harcèle ceux qui peuvent m'aider ; je passe par plusieurs portes, et si toutes se ferment, il reste les fenêtres... Le costume est trop grand ? Alors il faut s'élever, grandir, jusqu'à en faire craquer les coutures. Celui qui ne prend pas lui-même la mesure de sa fonction, personne ne l'aidera à en remplir le rôle. J'en ai connu dans ma jeunesse, de ces claques que la vie vous donne. J'en ai même pris énormément, d'autant plus violentes lorsque c'est la rue qui vous éduque. Les déceptions amoureuses, amicales, les stages qui tombaient à l'eau, mon père qui ne m'aidait pas... Je continuais, je déposais cinquante CV, je ne baissais jamais les bras. Je n'ai découvert ce conseil de Henry Ford que bien plus tard, mais j'y aurais assurément trouvé beaucoup de réconfort : « Lorsque tout semble aller contre vous, souvenez-vous que les avions décollent toujours face au vent. » Pas après pas, note après note, stage après stage, j'ai bâti un avenir et j'ai réussi à convaincre ma famille de me prêter sept mille dinars – une grosse somme, pour eux – nécessaires à mon départ.

Les débuts en politique
L'entrée dans l'arène

Printemps 2017. La nature reprend vie après l'hiver… et un vent de fraîcheur souffle sur la vie publique qui atteint jusqu'au personnel politique. À cette époque, Emmanuel Macron, banquier chez Rothschild, certes, conseiller de François Hollande ensuite, puis (très) jeune ministre de l'Économie et enfin candidat à l'élection présidentielle, adopte un positionnement qui résonne avec mon envie de « voir la gauche et la droite travailler ensemble ». Qui est-il vraiment ? Est-ce le loup de Wall Street, habilement entré dans la bergerie du PS ? Je ne suis pas naïve. Je me doute bien qu'Emmanuel Macron, ancien banquier d'affaires, ne reprendra pas à son compte le discours du congrès d'Épinay dans lequel François Mitterrand, en 1971, fustigeait « l'argent qui corrompt, l'argent qui achète, l'argent qui écrase, l'argent qui tue, l'argent qui ruine, l'argent qui pourrit jusqu'à la conscience des hommes ! ». L'argent ! Le nouveau président de la République est issu de ce monde, mais il a fait le choix de s'en extraire. Un point pour lui. C'est, dans cette république si monarchique, un « roi-philosophe », ancien secrétaire particulier de Paul Ricœur. Plus qu'aucun de ses récents prédécesseurs, Emmanuel Macron croit aux « forces de l'esprit », il aime les écrivains et les livres. Deuxième point pour lui.

Quelque chose m'intriguait et plusieurs points dans son programme m'attiraient. Je le dis sans fierté particulière, mais c'est un fait : j'ai été de la première vague d'En marche !, en rejoignant le comité local de Cherbourg car j'y exerçais mon activité. J'ai rapidement eu de nombreux projets et beaucoup d'espoirs. Jusqu'à ce que l'« ancien monde » me fasse un croche-patte, en catapultant un élu juppéiste, Blaise Mistler, sous la bannière LREM dans la circonscription de Cherbourg, celle que j'avais choisie pour briguer un mandat de députée. Qu'importe ! J'ai pris la tête d'une liste dissidente. Et au second tour, les électeurs ont eu à choisir entre deux candidats macronistes pour succéder à Bernard Cazeneuve. J'ai remporté l'élection législative avec les honneurs (60,93 % des voix) et j'ai tout de suite été réintégrée à la majorité présidentielle. *The winner takes it all*[1] ! Je reste modeste : seulement 17,6 % des inscrits dans la Manche ont glissé dans l'urne un bulletin au nom de Sonia Krimi. Cher-

1. Traduit de l'anglais : « Le gagnant remporte la mise. »

bourg, cette rade magnifique tout au bout de l'isthme du Cotentin ; ici plus qu'ailleurs, les gens du pays savent – et les nouveaux venus l'apprennent – qu'« il n'est pas de vent favorable pour celui qui ne sait pas où il va », comme l'a écrit Sénèque. La politique, la vie de la cité, pour parler comme les anciens Grecs et Romains : désormais, j'avais un cap ! Il ne me restait plus qu'à gonfler les voiles.

Sonia Krimi. Mon nom était sorti en tête, ce soir-là, à l'issue du dépouillement des bulletins de vote, et la petite jeune fille, un peu perdue en Tunisie avait indéniablement bien grandi. Sonia Krimi, députée de la République française. Ce titre, cette écharpe tricolore, c'était une fierté et une immense responsabilité.

De l'Arabe de service à l'Arabe du futur

Mon bleu de travail à l'Assemblée, c'est une veste et un pantalon noirs, avec un chemisier blanc. Il s'agit d'une tenue que je trouve sobre et élégante, un équilibre des styles : ni trop guindée ni trop décontractée. Comme ça, je suis à l'aise aussi bien en séance qu'en commission, en réunion ou en rendez-vous. L'après-midi, dès que j'en ai l'occasion, je troque mes talons pour une paire de baskets, beaucoup plus confortables. En ce qui concerne mon image, bien que je soigne ma coiffure et mon maquillage, je ne prête pas particulièrement attention à mon apparence. Après une interview, les journalistes ne me surprendront jamais à me repoudrer le nez pour la séance de photos. J'aime qu'on me regarde, mais je veux surtout qu'on m'écoute. Dès que j'ai rejoint la majorité présidentielle, j'ai averti : j'ai une liberté de parole à laquelle je tiens, je n'y renoncerai pas.

Je sais ce que je représente – femme, jeune, immigrée – et dès le début, j'ai mesuré le risque d'être réduite au statut de symbole, d'étendard. Pour le dire encore plus crûment, dès les premiers jours j'ai mesuré le risque d'être cantonnée dans le rôle de caution, d'idiote utile. L'« Arabe de service », en gros, pour reprendre une expression de l'« ancien monde » qui, je l'espère, a fait son temps. Hors de question ! Je ne serai pas l'idiote utile ! Je ne serai pas l'Arabe de service !

Ma place au sein de La République En Marche ? Je ne l'ai jamais trouvée au sens où je suis allée la conquérir moi-même. J'ai plusieurs fois fait des vagues dans ce jeune parti qui rêvait d'une mer d'huile à l'Assemblée ; je l'ai fait par conviction (parce que ma conscience politique a eu l'impression de se noyer – j'y reviendrai), mais j'étais ravie qu'au passage cela me permette de prouver que j'avais du tempérament. J'ai plusieurs fois fait des vagues, parce que j'ai été élue pour réfléchir, voter en mon âme et conscience, et non pour obéir aux consignes.

Richard Ferrand, lorsqu'il était encore le chef de file des plus de trois cents députés marcheurs, puis Gilles Le Gendre m'ont régulièrement rappelée à l'ordre. Ils ont haussé le ton en public parce que les caméras et micros n'étaient pas loin, mais cela ne les empêchait pas de se féliciter intérieurement de mes incartades, qui leur permettaient de démontrer que tous les députés LREM n'avaient pas le doigt sur la couture du pantalon… et que le mouvement était suffisamment solide pour supporter les lignes de fracture. Ils ont haussé le ton aussi à l'abri des médias, en rêvant sans doute de m'intimider pour me faire rentrer dans le rang. Hélas – pour eux ! – nous n'étions plus en Tunisie, je n'étais plus une jeune fille et, si j'ai toujours répondu à leurs convocations, je ne m'y suis jamais rendue pour recevoir des coups de règle sur les doigts.

J'ai 37 ans et je suis une députée de la République. Je ne suis ni godillot ni frondeuse, je suis une femme indépendante. Je me suis engagée en politique par conviction, je ne suis pas là pour faire carrière. Quand les choses me chiffonnent ou me chagrinent, je le dis !

En décembre 2017, j'en fais la démonstration. J'appartiens à la majorité depuis six mois mais pour la première fois je me sens très mal à l'aise. Je me retrouve en désaccord profond avec le projet de loi « asile et immigration », présenté par le gouvernement. Plus de trois cents députés LREM ont appris à marcher au pas ou presque. Pas moi… Alors je « teste et tends plusieurs fois l'élastique de la contestation au sein de la majorité de La République En Marche », selon la jolie formule d'un article de *Libération* qui m'a été consacré[1]. Le texte, qui prétend concilier « générosité » et « fermeté », « humanité » et « efficacité »,

1. Laure Equy, « Sonia Krimi, sortir du rang », *Libération*, 15 avril 2018.

semble pourtant particulièrement répressif ; il ne correspond pas vraiment à l'idée que je me fais de la France, ouverte, généreuse, accueillante.

À l'Assemblée, je prends la parole publiquement pour la première fois. Pour mon baptême du feu, j'opte pour une sortie de rang. Droite comme un I, j'interpelle, sans trembler ni bégayer, Gérard Collomb, le ministre de l'Intérieur de l'époque, pendant la séance des questions au gouvernement. Mon cœur cogne fort dans ma poitrine, je suis fébrile mais je n'en laisse rien paraître, j'essaie de rester calme, de placer convenablement mes respirations pour maintenir le souffle de mon intervention. « Les centres de rétention deviennent des centres de détention… C'est indigne de la République ! » – la phrase tombe, et claque comme un coup de fouet. Brouhaha dans la salle. J'ai les oreilles qui bourdonnent – l'émotion –, mais les applaudissements des élus de gauche me parviennent distinctement. Dans les rangs LREM, c'est la stupeur. À la sortie de la salle, certains collègues s'écartent, d'autres chuchotent – « C'est une grenade dégoupillée, il faut la désamorcer… » – et les médias m'affublent déjà de l'étiquette de « frondeuse ».

Je veux être franche, je ne m'étais pas levée pour faire un coup d'éclat. Je n'avais pas affûté chacune des phrases de mon intervention pour réaliser un « coup » ; d'ailleurs, j'avais même sagement transmis en amont mon texte au ministre de l'Intérieur.

Pourtant j'ai bien senti, en retrouvant le calme de mon bureau à l'Assemblée, qu'en voulant faire un pas en avant pour exprimer ma désapprobation, je m'étais retrouvée, seule, dix mètres devant la ligne des autres députés du parti. Advienne que pourra !

Quelques jours plus tard, j'observe, amusée, que je suis passée de l'anonymat à une naissante célébrité dans le microcosme parlementaire. Gérard Collomb me donne désormais du « ma chère Sonia ». En retour, j'assume complètement cette nouvelle proximité avec le ministre, lors d'une réunion du groupe LREM : « Je n'ai aucun problème avec Gégé ! »

Quoi qu'il en soit, pas question d'abandonner ma position. Je prolonge mon intervention dans les médias : j'y déplore que l'immigration « soit pensée à court terme » ; j'y insiste sur le fait que « personne ne peut interdire aux gens d'espérer une vie meilleure ». Je poursuis mon combat contre le projet de loi « asile et immigration » en commission des lois. Je signe, avec plusieurs collègues, des dizaines d'amendements, qui seront rejetés, hélas. Mais j'ai la satisfaction, immense, de faire entendre ma voix, ma différence.

Le 17 avril 2018, je suis l'invitée de Léa Salamé, dans la matinale de France Inter. J'y explique la position que je défends depuis plusieurs semaines à l'Assemblée et en commission des lois. Tout en restant solidaire du gouvernement, et de La République En Marche, je dis tout le mal que je pense de plusieurs mesures du texte, notamment celles qui concernent l'instauration d'un délit de solidarité pour les personnes qui aident des migrants, ou encore la réduction du délai de recours lors d'un rejet de dossier. Je dis que, si j'aime mon mouvement, je le déteste lorsque je l'entends murmurer à l'oreille des « réacs ». Je ne le sais pas encore, alors, mais la caisse de résonance formée par la radio publique, sur ce créneau de la matinale, va se révéler absolument gigantesque. Cette interview au micro de France Inter a été une véritable rencontre avec les Français, bien au-delà de mes électeurs de la circonscription de Cherbourg.

La loi pour une immigration maîtrisée, un droit d'asile effectif et une intégration réussie, présentée par le ministre de l'Intérieur Gérard Collomb, a finalement été promulguée le 10 septembre 2018. Elle durcit, entre autres nouvelles dispositions, les mesures d'éloignement et allonge la durée de la rétention administrative. Je n'avais pas voté pour cette loi. Cette conscience, cette révolte, cette sensibilité sociale, je les ai fait entendre en d'autres occasions au cours de mon mandat. Non, je ne serai pas l'Arabe de service, mais l'Arabe du futur. Française tout en assumant pleinement mes origines, mais en refusant d'y être systématiquement ramenée, élue d'une France nouvelle, où j'entends bien prendre toute ma place. Le fait d'être née et d'avoir grandi en Tunisie n'est pas un boulet que je devrais traîner au pied, pas plus qu'un titre de noblesse que je devrais exhiber. J'ai choisi de prendre la nationalité française sans pour autant perdre ma nationalité tunisienne. La question des origines est beaucoup plus vaste que l'idée que s'en font les gens. L'identité d'une personne ne se résume pas au lieu où elle est née et où elle a grandi, c'est une notion aux multiples facettes. Mon père, par exemple, ne se considère même pas comme arabe. Il est berbère ; pour lui, les Arabes, puis les Ottomans, puis les Français, ont envahi la Tunisie ; si quelqu'un veut me parler de la colonisation en Tunisie, je ne vais pas lui en parler depuis 1881 jusqu'en 1956. Je vais aussi lui parler d'avant, de la domination des Ottomans sur la Tunisie par exemple, qui a duré des siècles. Je pourrais même lui parler des Phéniciens. Didon, en effet, était une princesse phénicienne, originaire de ce qui est aujourd'hui le Liban. Arrivée sur les côtes d'Afrique du Nord, dans l'actuelle Tunisie, elle a fondé la cité de Carthage, dont elle est devenue la première reine. J'aime l'histoire avec un grand H, et je suis curieuse de l'histoire du pays où je suis née, comme de celle de ma terre d'adoption. C'est aussi ce qui me rend plus réceptive à la question de l'immigration, je comprends le parcours de ces hommes, de ces femmes qui cherchent en d'autres terres que la leur un avenir meilleur, un avenir tout court. C'est pour cela que j'ai spontanément combattu, si je puis dire, ce projet de loi, parce qu'à mes yeux, il était d'autant plus criant d'injustice. Je n'ai pas gagné cette manche mais un autre épisode dramatique me mettra de nouveau sous les feux des projecteurs.

L'été 2018
Honte et stupéfaction

Il faisait chaud en ce mois de juin 2018. Le ciel bleu baignait Paris d'une jolie lumière printanière, et à la terrasse du Bourbon, la brasserie qui jouxte l'Assemblée nationale, les députés avaient sorti leurs lunettes de soleil. « Tu meurs de soif ou bien tu bois des bulles… » La référence à Patrick Bruel peut faire sourire, mais le chanteur met dans le mille avec « Qui a le droit…[1] » – un de ses plus grands succès… Il chantait « Qui a le droit de faire ça à un enfant ? » en 1991, mais sa colère est toujours d'actualité. Oui, pendant qu'à Paris, ministres et parlementaires déboutonnaient un bouton de chemise supplémentaire en guettant l'arrivée de l'été, l'*Aquarius* dérivait en Méditerranée, cherchant désespérément un port d'accueil… Le gouvernement italien avait interdit au navire à la coque tachée de rouille, qui avait été affrété par les ONG SOS-Méditerranée

1. « Qui a le droit… », *Si ce soir…*, Gérard Presgurvic et Patrick Bruel, RCA/BMG Ariola France.

et Médecins sans frontières (MSF), de débarquer en Italie. À bord, avec six-cent-vingt-neuf naufragés : de jeunes enfants, des femmes et des hommes épuisés, qui avaient soif, faim. Il y avait urgence, et le gouvernement prenait son temps. Il n'y avait plus une seconde à perdre, mais l'Élysée et Matignon faisaient de la politique.

J'étais à l'Assemblée, et je me rappelle très bien ce que je ressentais : de l'impuissance, et surtout de l'accablement devant tant d'absurdité. J'étais désespérée par ce gouvernement et cette majorité à laquelle j'appartenais qui ne montraient aucune compassion pour les naufragés à bord, et pour les migrants en général. En sortant de l'hémicycle, je me suis rendue salle des Quatre Colonnes, celle où les députés peuvent s'exprimer devant les journalistes. Je ne suis pas une habituée des lieux, mais ce jour-là j'avais beaucoup de choses à dire. Je n'avais pas préparé mon intervention, préférant laisser libre cours au tumulte d'émotions qui bouillonnait en moi, avec ma spontanéité qui surprend souvent sous les plafonds dorés de la République.

« Mais on est où, là ? » J'ai employé la formule plusieurs fois, je trouvais qu'elle résumait bien la situation. « On est où ? On les accueille, point ! » L'heure n'était pas aux longs discours, à la rhétorique, mais à l'action. « Mais on est où, là ? », cette phrase, c'est tout moi, avec mon phrasé un peu familier, mon accent, mon impétuosité. Et encore, je ne bégayais pas cette fois. Ma déclaration a fait des vagues. Une fois encore, j'apparaissais comme la donneuse de leçons, l'électron libre. Quelques ténors de la majorité ont dû s'étouffer en découvrant mes propos à la radio et à la télévision. J'avais foncé tête la première, sans attendre les autres. Mais franchement, je n'avais pas été élue pour attendre qu'un ministre m'impose tout ce que je devais penser. Je ne consulte jamais les éléments de langage que la majorité nous adresse par email ou via des applications sécurisées. Je dis ce que je pense, j'exprime ce que je ressens ; personne ne me dicte rien.

Quelques jours plus tard, l'Espagne a résolu le problème de l'*Aquarius*. Mais la crise des migrants est toujours un scandale… La Méditerranée est devenue, depuis longtemps déjà, un cimetière. Ce berceau de notre civilisation occidentale est le témoin, presque quotidien, de la mort de migrants dont le seul crime est de chercher un avenir meilleur. Quelques navires humanitaires sauvent l'honneur en pratiquant une tragique pêche aux humains, et nous, nous ne les aiderions pas ? *Mais on est où, là ?* Oui, cet été 2018, j'ai eu profondément honte lorsque la France n'a pas laissé accoster l'*Aquarius*. Mais je n'étais pas au bout de mes surprises. Après la honte, il y a eu la stupéfaction.

Par rapport au drame des migrants, l'épisode qui suit peut sembler bien dérisoire. Presque ridicule. C'est l'histoire d'un arriviste, d'une sorte de petit caïd comme il en existe tant. Sauf que le petit caïd en question, Alexandre Benalla, était parvenu à se tailler une place de choix dans notre République. À s'inviter à la table du maître de l'Élysée. J'ai été sidérée par cette rocambolesque affaire judiciaire et politico-médiatique. Le scénario, digne d'un épisode du *Baron noir*, la série politique de Canal +, a offert jusqu'au dernier moment d'imprévisibles rebondissements.

Le 18 juillet 2018, pourtant, rien ne laissait présager un tel coup de tonnerre dans le ciel politique dégagé – l'équipe de France venait de remporter la Coupe du monde de football et l'Élysée espérait tirer parti de ce succès comme l'avait fait Jacques Chirac vingt ans plus tôt. Patatras ! Au lieu d'entendre parler d'Antoine Griezmann, le meneur de jeu des Bleus, de Kylian Mbappé, le jeune prodige, buteur en finale, ou encore de N'Golo Kanté, nouvelle coqueluche du pays, la France découvre… Alexandre Benalla. À l'époque, ce grand barbu baraqué est totalement inconnu du grand public. Mais ce qui devient l'affaire Benalla, avec ses affaires dans l'affaire comme autant de poupées gigognes, se révèle très vite le feuilleton de l'été, puis un écheveau difficile à démêler, le dossier obéissant au fameux théorème qui énonce : « Quand on est emmerdé par une affaire, il faut susciter une affaire dans l'affaire, et si nécessaire une autre affaire dans l'affaire de l'affaire, jusqu'à ce que personne n'y comprenne plus rien. »

À chaque nouvelle révélation, la République est davantage secouée, abîmée même, car les éléments d'un scandale d'État côtoient d'autres révélations, d'un ridicule absolu : on apprend par exemple qu'Alexandre Benalla disposait jusqu'à son limogeage d'un badge d'accès à l'Assemblée nationale de niveau le plus élevé. À quel titre ? L'intéressé justifiera la demande de ce badge car il « aime aller à la salle de sport de l'Assemblée ». L'Assemblée nationale, de son côté, signalera qu'un badge de ce niveau n'était pas nécessaire pour y accéder. Le mis en cause joue une partition lamentable, mais il entraîne, hélas, une bonne partie de la République dans sa chute…

Pendant de longs mois, cette affaire et les affaires dans l'affaire mettent en lumière des dysfonctionnements graves au niveau de l'Élysée. J'étais alors aux premières loges. J'étais l'élue d'un parti obsédé par l'image qu'il renvoyait, focalisé sur le verrouillage de sa communication, terrorisé par les fuites, et qui, à ce moment précis, se retrouvait empêtré dans un invraisemblable micmac. Ces épisodes m'ont en effet rappelé les pires pratiques du gouvernement tunisien. J'étais choquée, c'est le moins qu'on puisse dire. Et ce choc se doublait de celui que j'avais en observant plusieurs de mes collègues députés choisir de fermer les yeux plutôt que d'essayer de comprendre ces dysfonctionnements, voire de les dénoncer.

Comme un mauvais augure, les révélations autour des méfaits de l'ancien collaborateur du président de la République ont marqué le début de la terrible année qui s'annonçait pour l'exécutif, dont la crise des Gilets jaunes est l'illustration la plus forte. À partir de l'affaire Benalla, nous allions tomber de Charybde en Scylla…

Comment en était-on arrivé là ? Les différentes enquêtes qui ont suivi, qu'elles soient administratives ou judiciaires, ont cherché à l'établir, mais cette situation était déjà révélatrice d'un grave problème en macronie. Dès juillet 2018, je n'avais pas pu m'empêcher de réagir sur Twitter, au risque de faire des vagues, une fois de plus : « On avait promis transparence et probité ! C'est grave. L'exécutif doit s'expliquer. »

« On récolte ce qu'on sème » : il y a toujours une part de vérité dans les dictons. Je me suis déjà séparée d'un collaborateur pour la seule raison qu'il s'adressait mal aux gens. Alors quand il s'agit de molester des manifestants, comme Alexandre Benalla s'était autorisé à le faire, comment l'Élysée a-t-il pu rester sans réagir ? Combien de temps ce type allait-il continuer à salir la République ? Quand allait-on mettre fin à ses manœuvres et ses manipulations ?

Je ne pense pas qu'Emmanuel Macron savait qu'Alexandre Benalla avait frappé des manifestants place de la Contrescarpe. Mais dès que le président de la République a été informé, il aurait dû se débarrasser de ce responsable de la sécurité très embarrassant. L'affaire Benalla, qui a pourri l'été, n'aurait jamais eu lieu. L'affaire Benalla, formidable terreau pour la crise des Gilets jaunes qui allait germer, serait retombée comme un soufflé.

Je pense d'ailleurs qu'Emmanuel Macron aurait dû agir de la même façon avec Richard Ferrand, mis en cause dans l'affaire des mutuelles de Bretagne. Le président n'aurait jamais dû attendre aussi longtemps avant de couper le cordon et de le démettre de ses fonctions au sein du gouvernement. Il n'aurait jamais dû lui trouver un poste ensuite, au perchoir de l'Assemblée nationale.

Moi, je ne me laisse pas submerger par mes efforts. J'ai une représentation tellement exigeante de ma fonction et de mon rôle que je ne me permets aucun écart. Je suis extrêmement vigilante. Alors oui, j'ai exprimé publiquement, à l'époque, que j'avais été choquée par l'attitude d'Emmanuel Macron à l'égard d'Alexandre Benalla. Mes propos n'ont pas plu à mes collègues de la majorité, mais je persiste et signe aujourd'hui : la gestion de ce dossier par Emmanuel Macron en particulier, et l'Élysée en général, aura été une catastrophe. Au début, l'exécutif a même tenté d'occulter cette affaire. Mais comment imaginer qu'une telle information puisse être tenue secrète dans une démocratie comme la nôtre, aussi imparfaite soit-elle ? L'entrée en jeu des médias a heureusement fait éclater toute l'affaire, entraînant la révocation d'Alexandre Benalla… Mais que ce fut long, que ce fut laborieux, pour en arriver là ! D'autant plus que toute la lumière n'a pas encore été faite sur les nombreux secrets de ce trouble personnage…

À l'ère numérique

Je twitte beaucoup, c'est vrai. Je réagis toujours à l'actualité, pour autant je me méfie des réseaux sociaux, je ne souhaite surtout pas devenir comme certains de ces responsables politiques capables de se rendre quelque part uniquement pour faire un tweet.

Moi, je ne fais pas les choses pour communiquer. En revanche, j'informe sur ce que je fais, et j'informe beaucoup. Je le fais d'autant plus librement que j'observe directement les bénéfices de cette information. Mais je dis bien « j'informe », et non pas « je communique ». Je n'entends pas être mon propre publicitaire.

Je ne suis pas née avec mon téléphone portable, mais j'appartiens à la génération qui a vu les téléphones portables arriver entre ses mains très rapidement. Il s'agit d'une évolution technique qui a transformé la société et il faut apprendre à vivre avec son temps. Personne ne peut reprocher aux jeunes de notre époque d'utiliser les smartphones et les réseaux sociaux. Mais il faut le faire à bon escient, toute la difficulté est là. Je me souviens que, à 18 ou 19 ans, j'avais le fameux Nokia – mon père possède toujours un modèle de ce genre-là ! –, sur lequel je jouais au Snake, le jeu du serpent, divertissement que les moins de 30 ans ne peuvent pas connaître… Je tweete donc, j'instagrame, mais je fais en sorte que mes publications ou *posts* ne deviennent ni artificiels ni people.

Bien au contraire, le fait est que, grâce aux réseaux sociaux, je touche un public éloigné de la politique, tels ces jeunes de 15 ans qui m'arrêtent à Cherbourg pour me parler d'une loi que la majorité a votée à l'Assemblée à deux heures du matin. J'essaie donc de continuer à ouvrir à la politique ces nouveaux venus, en donnant un ton plus léger et convivial à mes publications, sur Instagram par exemple – « Regardez, aujourd'hui, je n'ai pas eu le temps de manger… » –, pour leur montrer que nous ne sommes pas des robots. Mais la légèreté reste l'hameçon… L'objectif final, cependant, est de les intéresser à des publications plus sérieuses, à des séquences plus profondes. Pas pour les embrigader, mais pour les faire réfléchir, participer et se positionner. Pour les faire grandir, en somme.

J'utilise davantage Instagram parce qu'il y a encore dans ce réseau un côté *feel good*[1], alors que Twitter et Facebook sont devenus des déversoirs de haine. Je ne suis pas la seule à faire ce constat. Aux États-Unis, Alexandria Ocasio-Cortez, élue démocrate – benja-

1. Que l'on peut traduire par « réconfortant », « convivial ».

mine du Congrès et véritable star de Facebook –, a fait savoir en 2019 qu'elle allait prendre de la distance avec les réseaux sociaux alors que ces derniers lui avaient permis d'attirer l'attention du public sur des sujets majeurs et surtout sur le fonctionnement obscur du Congrès américain. Alexandria Ocasio-Cortez a déclaré qu'elle cessait d'utiliser Facebook, où elle a néanmoins conservé son compte professionnel. À propos des réseaux en général, qu'elle considère désormais comme un « risque de santé publique », elle invitait à la plus grande prudence parce qu'ils peuvent provoquer « l'isolement, la dépression, l'anxiété, une addiction et une fuite hors de la réalité ». En conclusion, la jeune élue démocrate a déploré qu'il y ait sur Facebook, Twitter, Instagram, Snapchat et autres beaucoup trop de haine. De nombreuses personnes, je crois, ont pu le constater à leurs dépens, et j'en ai moi-même récemment fait les frais. D'ordinaire, je dispose pourtant d'une technique imparable, qui consiste à ne jamais regarder ce qu'on écrit sur moi, ni à lire les commentaires. Mais lors de l'incident turc je n'ai pas pu faire autrement que de mettre le nez dans les réseaux sociaux pour affronter la crise. Je me suis retrouvée face à une armée de « trolls » (j'ai découvert à cette occasion ces personnes qui n'ont rien de mieux à faire que de vous harceler sur Internet), j'ai pris dans la figure des tombereaux d'insultes, certaines extrêmement violentes… Je tiens énormément à la liberté d'expression, elle est fondamentale, mais les insultes, anonymes la plupart du temps, c'est intolérable ! Ces usages dévoyés d'Internet et des réseaux gangrènent le vivre-ensemble numérique. L'incident turc, comme je l'appelle, n'est pas le seul événement qui m'a valu des attaques personnelles sur les réseaux sociaux, le port de la couleur jaune n'étant pas du goût de tous.

Gilet jaune sur le dos

Fin novembre 2018, il fait froid, mais l'automne est superbe dans le Cotentin. Je reçois des Gilets jaunes de ma circonscription de Cherbourg. Nous sommes entrés à l'intérieur de ma permanence pour nous protéger des bourrasques et nous mettre au chaud. Des journalistes de France 3 sont là aussi. J'entends le ronron de la caméra, mais je ne m'en soucie guère, je suis tournée vers mes interlocuteurs, je les écoute. Sans réfléchir, sans planifier quoi que ce soit, j'enfile le désormais célèbre gilet jaune que les manifestants me tendent. Et les mots sortent tout seuls de ma bouche : « Si je n'étais pas députée, je serais dans la rue… Je vous soutiens ! »

Est-ce que j'aurais dû refuser ? Est-ce que j'aurais dû repousser leur chasuble ? J'ai eu le temps, depuis, de me poser la question plusieurs fois, et aujourd'hui encore, je ne regrette rien. J'ai revêtu ce gilet pour leur signifier que nous n'étions pas ennemis et que nous allions avoir une vraie discussion.

Moi, gilet jaune sur le dos ! Ce n'était pas le drapeau rouge des révolutionnaires que j'avais brandi, ni l'étendard noir des anarchistes, mais ce micro-événement, un matin de novembre à Cherbourg, est devenu une actualité nationale. L'image a été diffusée au JT de France 2, elle a fait le tour des télés et des chaînes d'information continue. Lorsqu'une information chauffe ainsi toute la journée, elle finit par bouillir et faire des remous. Je mentirais en affirmant que je ne me suis pas doutée qu'il y aurait des répercussions au sein du groupe LREM. Mais je ne m'en suis pas inquiétée outre mesure, ce n'est pas mon genre.

Les commentaires de mes camarades députés sont vite arrivés et, grâce à eux, j'ai compris une chose : ce gilet jaune enfilé quelques minutes à peine m'avait ouvert les yeux. Je distinguais clairement, à présent, à quel point deux univers, deux mondes, deux France coexistaient sans se voir ni s'entendre. Je distinguais clairement, à présent, à quel point la fracture sociale était immense. J'avais revêtu ce gilet jaune et la société dans laquelle je vivais s'était scindée en deux comme par magie : d'un côté, la minorité des Français qui gagne beaucoup d'argent, qui m'a houspillée (« C'est horrible ce que tu as fait ») ; de l'autre, la foule des modestes, qui gagnent 1 200 €, 1 500 €, 1 800 € et qui, en élevant des enfants, n'arrivent pas à boucler leur budget, la France des fins de mois difficiles ; celle-là m'a dit merci.

Si à l'Assemblée nationale quelques-uns m'ont soutenue, y compris dans l'opposition – je pense à Philippe

Gosselin (LR), mon voisin de circonscription : « Sonia Krimi a compris avant tout le monde le mouvement des Gilets jaunes et elle a osé le mettre sur la table » –, hélas, mes collègues de la majorité ont unanimement crié au scandale. Certains ont eu des mots très durs, comme si les débordements de la crise des Gilets jaunes s'étaient étendus au monde politique, avec une libération de la parole violente.

J'accepte la critique. J'ai écouté les reproches qui m'ont été adressés, et je peux m'en défendre. Certaines remarques, en revanche, sont injustes, indignes. Elles ne font que dégrader leurs auteurs. Car les députés, en toutes circonstances, doivent rester exemplaires. L'Assemblée nationale est un miroir de la société. Si la société est malade, elle enverra nécessairement des gens malades sur les bancs de l'Assemblée, où siègent les représentants du peuple. Je n'estime pas être indigne de l'hémicycle et de mon écharpe de députée. Certains, néanmoins, devraient peut-être faire leur examen de conscience…

D'autres occupent des fonctions de premier plan au Parlement, comme Éric Woerth, président (LR) de la commission des finances de l'Assemblée nationale. En tant qu'ancien trésorier de la campagne présidentielle de Nicolas Sarkozy en 2007, il a cependant été mis en examen pour « complicité de financement illégal ». Je respecte évidemment la présomption d'innocence, mais je suis pour qu'il quitte ses fonctions le temps que la justice effectue son travail. Sur le moment, d'ailleurs, je n'avais pas pu m'empêcher de réagir sur Twitter, entendant un député LREM lui faire part de son soutien, comme cela se fait entre gens du même monde. J'avais immédiatement posté ce message : « Éric Woerth doit démissionner pour l'exemple. » Ma position est identique en ce qui concerne Richard Ferrand, mis en examen pour prise illégale d'intérêts dans le cadre de l'affaire des Mutuelles de Bretagne (celle-là même qui l'avait poussé à quitter le gouvernement en 2017). Aujourd'hui, le président (LREM) de l'Assemblée nationale n'a pourtant pas l'intention de renoncer à l'hôtel de Lassay. Ces « affaires », avec le lot de soupçons qu'elles font peser sur les élus, esquintent beaucoup la démocratie. On peut rire, s'amuser de l'« affaire » François de Rugy, l'ancien ministre de la Transition écologique, et des bons mots auxquels elle a donné lieu – « Homard m'a tué » –, hélas au bout du bout, cela décrédibilise notre mouvement. Oui, lorsque j'y pense sérieusement, je trouve ces casseroles que les femmes et les hommes politiques traînent derrière eux, y compris au sein de La République En Marche, tristes à pleurer.

Le parti LREM n'est pas le seul à connaître ce type de déboires, bien évidemment, l'épisode François Fillon durant la campagne des primaires du parti Les Républicains est encore frais dans les mémoires. Selon moi, il aurait dû être dénoncé, parce que les faits reprochés à son épouse, soupçonnée d'avoir bénéficié d'un emploi fictif d'attachée parlementaire, sont trop graves. Souvenez-vous, aussi, de son attitude au moment des faits ! Pareille hypocrisie, pareil cynisme sont inacceptables. De plus, l'ancien Premier ministre de Nicolas Sarkozy se payait le luxe de fanfaronner : « Imagine-t-on le général de Gaulle mis en examen ? », précipitant ainsi sa chute.

D'autres, en revanche, ont eu le courage de se retirer, comme François Bayrou (MoDem) ou Marielle de Sarnez (MoDem) mis en cause dans les dossiers d'emplois présumés fictifs des assistants de député européen.

C'est un truisme, mais encore est-il bon de le rappeler, et de l'écrire noir sur blanc pour ne jamais l'oublier : les élus doivent être exemplaires. L'éthique est une vertu cardinale. Plus prosaïquement, j'ajouterais que je ne comprends pas comment autant d'élus peuvent terminer leur carrière avec une maison à plusieurs millions d'euros.

La franc-tireuse embusquée chez LREM

L'incident du gilet jaune devant la caméra de France 2 a pris des proportions qui m'ont dépassée. J'ai littéralement fait monter la température de mon parti, je suis devenue la « fièvre jaune » de LREM. Sanction ? Exclusion ? Ces deux termes ont commencé à circuler, sans que rien cependant n'indique que le parti était résolu à en venir à de telles extrémités. Qu'importe, ce nouveau lexique, même dans une phrase au conditionnel, a conduit les langues à se délier. Certains de notre groupe ont commencé à se sentir du courage. Ceux qui, jusqu'ici, chuchotaient se sont sentis autorisés à élever un peu la voix. Ils ont savamment distillé des petites phrases aigres-douces, dans les médias ou aux journalistes dans la salle des Quatre Colonnes. « Fatigante », « un peu trop perso », « mauvaise camarade », et même « danger pour la République » (!) : le robinet des amabilités était ouvert. « Démagogie à bas coût ! a même lancé une de mes collègues sur BFM-TV. Sonia Krimi n'est pas obligée de rester membre de LREM. » J'ai le cuir épais. Je n'ai pas peur des banderilles, mais là, j'étais en colère.

Le chœur s'était exprimé, mais désormais, c'était la réaction de Gilles Le Gendre, le président du groupe LREM à l'Assemblée nationale, qu'on attendait. Il m'a reçue une heure dans son bureau, fin novembre, pour me reprocher d'avoir « fraternisé » – rien que ça (!), et il pesait ses mots… – avec les Gilets jaunes. À ses yeux, mon petit défilé en gilet fluo était d'autant plus grave que j'avais rompu le silence total de l'exécutif. Il faut dire que, à l'époque, personne en macronie ne savait comment réagir à la crise sociale qui secouait le pays. La rencontre s'est avérée glaciale. « Réfléchis à ta place dans le groupe, il y a beaucoup d'hostilité vis-à-vis de toi », m'a-t-il lancé. Puis il en a remis une couche : « Les députés LREM trouvent que tu es trop ambitieuse. » Il pensait me faire peur. Il était mal tombé ! Je l'ai regardé droit dans les yeux et j'ai répliqué : « Depuis quand la liberté de pensée est un délit et la diversité un problème démocratique ? Notre force est d'être en même temps de gauche et de droite, non ? » Je me suis aussi faite plus précise et j'ai prévenu : « Pour me virer, il faudra d'abord dire publiquement ce qu'on me reproche. » Gilles Le Gendre est intelligent. Il a compris que je ne me laisserais pas faire. Il a donc battu en retraite sans parler de sanction, encore moins d'exclusion. Mais, c'est sûr, il m'en voulait.

Je suis loyale et fière d'appartenir à la majorité LREM, mais que les choses soient claires : j'ai une parole libre à laquelle je ne renoncerai pas. De la même façon, je refuse de mettre en sourdine ma sensibilité sociale, tant pis si elle dérange. Tant pis si, à l'Assemblée nationale, des députés LREM ne me supportent pas.

J'ai beaucoup repensé à cette convocation qui avait pour but de me donner des coups de règle sur les doigts. Gilles Le Gendre me reprochait d'avoir enfilé un gilet jaune pour discuter avec les gens qui, chaque dimanche depuis plusieurs semaines, exprimaient leur souffrance dans les rues du pays... Mais lui ? Comment avait-il répondu aux critiques qui nous étaient adressées ? Quel message avait-il envoyé aux manifestants ? Sa réponse est issue d'une interview donnée à la mi-décembre 2018, dans laquelle il claironnait : « Notre erreur est d'avoir probablement été trop intelligents, trop subtils... » En d'autres termes, les Gilets jaunes ne souffraient pas : simplement, ils n'avaient rien compris aux excellentes mesures du gouvernement en faveur du pouvoir d'achat... Je crois que pareille analyse, et son effet sur une partie des Français déjà chauffés à blanc, se passent de commentaire.

J'avais inconsciemment mis le bazar dans mon parti (une fois de plus). En plus de m'être accrochée une cible dans le dos (celle que visaient tous les députés LREM bons élèves, ceux dont l'unique ambition consistait à réciter la parole officielle), j'avais désormais plusieurs pancartes au-dessus de la tête : « forte tête », « rebelle ». Et même… « frondeuse », le mot qu'il ne faut pas prononcer à La République En Marche. Celui qui donne des cauchemars à l'exécutif, celui qui rappelle la malédiction du quinquennat Hollande.

Lâcher le gouvernement ? Quitter le groupe LREM ? Je ne vais pas jouer les fausses naïves. Je suis suffisamment tacticienne pour savoir qu'en dehors du parti, je ne serais plus audible. J'ai tout à y perdre, et peu à y gagner. Si je reprends ma liberté, je vais faire le tour des plateaux de télé pendant une semaine et puis les choses vont retomber. C'est tout. Regardons les choses en face : les collègues qui ont quitté nos rangs ont pour ainsi dire disparu du paysage politique. Je ne sortirai donc pas de la majorité à court terme, c'est une question à la fois de convictions et de stratégie. Pour aller où ? Et pour faire quoi ? Je n'ai pas envie de rejoindre l'Union des démocrates et des indépendants (UDI), même si elle m'a beaucoup sollicitée. Je sens que La France insoumise (LFI) aussi me fait des appels du pied. Mais j'ai vécu sous une dictature et je n'ai aucune intention de devenir mélenchoniste…

Je préfère creuser mes sujets, monter en puissance au sein du mouvement. Toute ma force aujourd'hui, c'est d'essayer d'influencer. Je prends de plus en plus la parole en réunion de groupe ; j'élargis mes réseaux. Je ne me suis pas trompée de parti ! Je tiens à rester dans La République En Marche, mais je tiens aussi à conserver ma liberté de parole. Bref, à être moi-même, et à me faire entendre. Dans cet esprit, au printemps 2019, j'ai participé à la création d'une « communauté » à la « fibre sociale », composée d'une vingtaine de parlementaires au sein de la majorité LREM, qui, tous, refusaient l'appellation « frondeurs ». « Notre majorité n'est pas uniforme et nous revendiquons ce droit à la différenciation », écrivions-nous dans un manifeste que nous avions signé collectivement. « La majorité présidentielle doit se voir à la manière d'un orchestre symphonique et non d'un bataillon », poursuivait le texte, dans lequel nous réaffirmions par ailleurs notre loyauté envers Emmanuel Macron. Mais affirmer notre loyauté n'était pas accorder un blanc-seing au président : « Nous devons, nous les sociaux-démocrates, radicaux et gaullistes sociaux, continuer à faire vivre notre pensée au sein de LREM », concluait-on.

J'ai également pris d'autres initiatives, je n'avais pas l'intention de rester à attendre sagement les consignes ou les éléments de langage que j'ignore de toute façon. Certains députés de la majorité ne peuvent s'exprimer sans, hélas… Le 6 février 2019, j'ai proposé, avec vingt-deux autres députés LREM, une contribution au grand débat national. Nous avons plaidé pour un « nouvel ISF » – le fameux impôt de solidarité sur la fortune, supprimé au début du quinquennat –, que paieraient ceux qui refusent d'investir dans les PME. « Nous sommes d'accord avec le gouvernement sur la nécessité de ne pas rétablir l'ISF tel qu'il était. Cependant, il nous appartient de veiller au respect de l'esprit de la proposition du candidat Emmanuel Macron à la présidence de la République, c'est-à-dire de faire de cet impôt un impôt utile au service de l'économie », affirmions-nous alors dans un communiqué. « Si, après évaluation, il s'avère que la suppression de l'ISF pour les actionnaires n'a pas servi aux TPE, PME et start-up, alors il nous faudra être plus coercitifs », ajoutions-nous en mettant les pieds dans le plat, car le rétablissement de l'ISF était alors une des principales revendications des Gilets jaunes. Concrètement ? « Si cet argent n'a pas bougé, alors il nous faudra le taxer en conditionnant l'exonération de cet impôt à un investissement dans l'année dans les PME », poursuivions-nous en continuant d'agiter la carotte, certes, mais aussi en menaçant du bâton.

Interrogé sur cette initiative, Gilles Le Gendre... est allé dans mon sens ! Le patron des députés marcheurs admet publiquement que nous avons raison de poser le débat disant qu'« en ce moment [à l'heure du grand débat national], toutes les questions peuvent être posées, toutes les propositions peuvent être dites ». Il ajoute : « Ça ne veut pas dire que je les approuve, mais je ne vois pas au nom de quoi on interdirait ce genre de prises de position[1]. » Dans le secret de son bureau, au sujet du gilet jaune que j'avais enfilé, Gilles Le Gendre avait fait preuve de moins d'ouverture d'esprit... Mais j'étais ravie de voir que les choses évoluaient dans la bonne direction.

1. « 22 députés LREM proposent un "nouvel ISF" », lexpress.fr, 6 février 2019.

Mens sana in corpore sano

« Un esprit sain dans un corps sain[1]. » Je ne crois pas à l'ancestrale distinction judéo-chrétienne entre le corps et l'âme. Les deux sont trop intimement liés. Physiquement et chimiquement liés. Ils ne forment qu'un seul et même tout. À l'âge de 18 ans, je me suis fait tatouer trois mots : « liberté », « santé », « intelligence ». Sans ces trois bienfaits, le champ des possibles est beaucoup plus restreint. J'ai choisi de les faire écrire sur ma peau en idéogrammes chinois, pour rendre hommage à Confucius, dont les écrits m'ont beaucoup apporté. Par intelligence, je n'entends pas seulement l'intelligence purement intellectuelle, la capacité d'abstraction et de réflexion, mais j'entends aussi l'intelligence sociale, relationnelle, etc. De cette dernière, je manque parfois, je crois, pour être honnête.

Je suis extrêmement exigeante avec mon corps, j'attends de lui qu'il réponde efficacement à mes

1. Juvénal, *Satires*, 10, 346-366, trad. Henri Clouard, Paris, Garnier, 1934.

sollicitations, qu'il puisse être capable (sans se plaindre) d'être privé de sommeil en cas de surcharge de travail, de gravir (rapidement et sans avoir le souffle court) une volée de marches, de sauter un repas, de puiser dans ses réserves pour me permettre de consacrer plus de temps à un dossier urgent. Plus les années passent, et plus mon niveau d'exigence augmente.

J'ai toujours beaucoup aimé le sport et je rêvais déjà d'en pratiquer un lorsque j'étais enfant en Tunisie. Là-bas, hélas, je n'ai jamais eu l'occasion d'être inscrite dans un club, ou dans une association sportive. Alors, dès mon arrivée en France, je me suis abonnée à une salle de sport. C'est une des premières choses que j'ai faites, et je n'ai même pas pris en considération le prix de mon abonnement, alors que j'avais des revenus modestes. Je me rappelle très bien que, après quelques semaines de pratique intensive, j'ai commencé à voir mon corps changer, et j'ai adoré cette sensation. Même l'apparence de mon visage s'était modifiée. Je dormais mieux, mais j'étais aussi mieux réveillée, plus en forme, plus dynamique, plus en harmonie avec moi-même et d'une façon générale plus heureuse. À cette époque, je lisais en même temps les ouvrages des philosophes romains et grecs sur la culture du corps. Je sais dorénavant qu'il faut un corps sain pour avoir une tête en forme, avec des neurones qui fonctionnent bien. J'ai des amies qui font beaucoup d'exercice physique mais qui sont davantage préoccupées par l'exploit. Ce n'est pas mon cas, je préfère me concentrer sur le bien-être que l'activité sportive me procure. Je fais mon jogging à l'extérieur mais je préfère les salles, dont j'aime énormément l'atmosphère, pour tous les autres exercices. Je fais notamment du gainage profond, c'est-à-dire que je renforce mes muscles intérieurs. Et je crois qu'il faut faire pareil… en politique ! J'ai de l'ambition – ce n'est pas un crime – mais je ne veux surtout pas brûler les étapes et mener des combats sans m'être préparée.

Je suis abonnée à la salle de sport de Cherbourg et à celle de l'Aquaboulevard, construit dans les années quatre-vingt-dix, ce qui lui donne un charme désuet. L'Aquaboulevard, c'est en quelque sorte mon havre de paix, ma bulle de réconfort. Lorsqu'il pleut, je m'y rends pour courir sur tapis, et je pratique aussi le GRIT – entraînement de haute intensité en fractionné. Chez moi, des photos de sportifs ont pris place sur les murs où j'accroche les portraits des gens qui m'inspirent. Le portrait de Young Perez (de son vrai nom Victor Perez), le premier boxeur juif tunisien champion du monde, mort au camp d'Auschwitz après avoir été interné à Drancy (et l'on oublie toujours l'importance des Juifs en Tunisie), côtoie ceux de Coluche, de Christiane Taubira, de Léon Blum, ou encore de François Mitterrand.

Le sport, et la récupération. Le sport est suivi de récupération dans les saunas et les hammams de l'Aquaboulevard. Je ressors toujours absolument zen de ces bains de chaleur, qui me permettent d'éliminer le stress en même temps que les toxines. Enfin, je m'intéresse à la nutrition. Je crois profondément aux vertus du repas français : pris assis, à heure fixe. Je dois être un peu vieille France, mais je préfère sauter un repas plutôt que d'avaler un mauvais sandwich, debout, entre deux réunions ! Cela me donne une certaine énergie dont j'ai grandement besoin pour défendre mes convictions dans l'hémicycle.

La loi anti-casseurs

Les députés godillots ? L'opinion publique et l'opposition nous ont suffisamment jeté au visage ce reproche et cette caricature. Le célèbre député Godillot – personnage historique, entrepreneur d'origine modeste qui fit fortune sous Napoléon III (durant la guerre de Crimée, en 1853, M. Godillot fournit des souliers à l'armée française) – dont le patronyme est devenu synonyme de ringardise, d'obéissance aveugle, et pour tout dire de bêtise, était systématiquement la référence dès lors qu'il s'agissait d'évoquer les députés de la majorité qui effectuaient leur entrée à l'Assemblée nationale. Les mois qui ont suivi, nous avons été quelques-uns à manifester notre indépendance, de vue aussi bien que de vote. La République En Marche, en coulisses, nous l'a d'ailleurs suffisamment reproché, j'en sais quelque chose ! Le parti nous a accusés des turbulences qu'il rencontrait dans son plan de vol. Mais ce n'était rien comparé à la polémique que LREM allait devoir affronter, au sein de ses propres troupes, au sujet de la loi anti-casseurs.

Cette fois-là, les turbulences ont carrément failli provoquer un décrochage à haute altitude.

Voici mon avis sur le sujet. Le dispositif législatif déjà en place aurait tout simplement dû être appliqué car il suffisait : les citoyens ont le droit de manifester (contrairement au droit de grève, la liberté de manifestation n'est pas inscrite dans la Constitution, mais ce droit est inscrit dans la Déclaration des droits de l'homme et du citoyen de 1789), en revanche, ils ne sont pas autorisés à bloquer les rues ni à se livrer à des actes de vandalisme. Nous n'avions pas besoin d'une loi supplémentaire, l'arsenal législatif et juridique existant était largement suffisant. D'une façon générale, d'ailleurs, je suis contre toutes les lois d'exception ou de circonstance.

À Cherbourg, dans ma circonscription, ou bien à Paris, lorsque je suis à l'Assemblée, je rencontre souvent des personnes qui estiment que la loi anti-casseurs ne pose aucun problème grave à notre République. J'entends ce genre de discours : « De toute façon, lorsque Marine Le Pen sera au pouvoir, elle fera passer d'autres textes beaucoup plus durs. » Mais ce n'est pas une raison pour voter des mesures liberticides ! La loi ne peut pas remplacer l'éducation, la culture, l'usage raisonnable des droits qui sont ceux des citoyens.

La loi anti-casseurs, présentée au vote des députés début février 2019 à l'Assemblée nationale, comprenait notamment la mise en place d'interdictions administratives de manifester, la création d'un délit de dissimulation du visage, ainsi que l'autorisation de fouiller pour trouver des « armes par destination ». Ces dispositions, comprises dans l'article 2, étaient les plus controversées, y compris au sein de la majorité. Elles devaient permettre aux préfets de prononcer des interdictions de manifester contre des individus représentant « une menace d'une particulière gravité pour l'ordre public », sous peine de six mois d'emprisonnement et de 7 500 euros d'amende en cas d'infraction.

La charge polémique du texte tenait aussi au fait qu'il s'agissait, à l'origine, d'une proposition de loi présentée par Les Républicains, certes largement remaniée par la majorité, mais pas suffisamment de l'avis de plusieurs marcheurs... Une vingtaine de députés LREM, la plupart à l'aile gauche du mouvement, avaient donc annoncé qu'ils s'abstiendraient.

Je n'étais pas du tout convaincue non plus. J'hésitais, de mon côté, entre m'abstenir... et carrément voter contre cette loi ! Bien sûr, mes atermoiements ont agacé, car j'avais déjà été critique, il y a quelques mois, au sujet de la loi « asile et immigration », et entre-temps était intervenu l'épisode du gilet jaune que j'avais enfilé devant les caméras de France 3. Une chose était sûre, je devais prendre le temps de mûrir ma réflexion, puis ma décision, car LREM m'avait fait savoir que la conséquence d'une opposition à ce vote serait l'exclusion du groupe majoritaire. Autrement dit, et sans formules de politesse, mon parti me menaçait de la peine de mort (politique).

Pendant que je réfléchissais, l'affaire prenait un tour extrêmement politique. Tout le monde paraissait à cran. Comme d'habitude, les éléments de langage s'étaient abattus sur La République En Marche et les députés de la majorité. Stanislas Guerini, le numéro 1 de LREM, récusait toute « fronde » en pesant chaque mot au trébuchet. Sous François Hollande, il s'agissait d'« une opposition fondamentale avec la politique qui était portée… [et] ce n'est pas le cas ici », insistait-il dans les médias, avec un sens aigu de la nuance.

Pas de chance pour nous, plusieurs avocats de renom – dont deux proches d'Emmanuel Macron – s'étaient insurgés contre une « loi de la peur ». François Sureau avait pris la plume dans *Le Monde*[1], Jean-Pierre Mignard dans *Libération*[2]. Pendant ce temps-là, Christophe Castaner, le ministre de l'Intérieur, envenimait la situation en caressant les syndicats policiers dans le sens du poil. Il ne s'agissait pas d'une « loi de circonstance » ni d'une « loi liberticide » mais d'une

1. Solenn de Royer, « François Sureau : "C'est le citoyen qu'on intimide, et pas le délinquant" », *Le Monde*, 4 février 2019.

2. Laure Bretton et Jonathan Bouchet-Petersen, « Loi anti-casseurs : "Donner une satisfaction facile à des secteurs non éclairés de l'opinion », *Libération*, 4 février 2019.

« loi de protection », d'une « loi de liberté » face aux « quelques brutes [qui] mett[ai]ent en péril notre droit à manifester », expliquait-il dans une tribune sur un réseau social.

La gauche, elle, attaquait au lance-flammes. Elle dénonçait des mesures « liberticides » ainsi qu'une « dérive autoritaire », soutenue par plusieurs syndicats et de nombreuses associations de défense des droits et libertés. Gilles Le Gendre, notre général en chef à l'Assemblée, tentait tant bien que mal de résister aux attaques avec un extincteur… quand il aurait eu besoin du soutien d'un Canadair : « Ça ne tient pas la route » et « Qui peut sérieusement penser ça ? » rétorquait-il aux reproches qui nous étaient adressés. Le parti surjouait l'ouverture d'esprit et la confiance. « Je ne suis pas là pour pratiquer la police de la pensée, […] je mise sur l'esprit de responsabilité de mes collègues », disait-il.

Stanislas Guerini, de son côté, assurait qu'il n'était « pas en position de censeur » et jurait qu'il n'y aurait pas d'exclusions car LREM « peut assumer des désaccords ». LREM pouvait assumer des désaccords ? Ah bon ! Je n'avais pas eu franchement l'impression jusqu'alors… Mais tant mieux si la ligne officielle était maintenant posée.

L'autre nouveauté, c'est qu'au sein de la majorité, je me sentais un peu moins seule qu'avant lorsque j'exprimais une opinion différente. « La nouvelle interdiction administrative de manifester me pose problème sur la liberté fondamentale de manifester, au cas où elle viendrait à être mal utilisée par un futur régime mal intentionné, par exemple d'extrême droite », avait tonné Matthieu Orphelin. Lors de notre réunion de groupe, une dizaine de réfractaires lui avaient emboîté le pas et s'étaient exprimés pour faire part de leurs doutes, voire de leur malaise.

C'était un fait, j'étais fondamentalement opposée à ce texte qui allait à l'encontre de la cohésion sociale. J'avais une aversion presque épidermique pour plusieurs de ses articles, ceux dont j'ai parlé un peu plus haut. J'ai décidé de m'abstenir plutôt que de voter contre le texte, pour graduer ma désapprobation et conserver une marge de manœuvre pour la suite. Le signal envoyé me paraissait néanmoins suffisamment fort.

Le 6 février 2019, la loi anti-casseurs a enregistré un record d'abstention. Nous étions au total cinquante députés de la majorité à avoir refusé de prendre part au vote (mais aucun élu LREM n'a voté contre). Nous étions cinquante élus LREM – moi, Hugues Renson, le vice-président de l'Assemblée, Matthieu Orphelin ou encore Barbara Pompili – à avoir fait part de nos inquiétudes concernant le « respect des libertés fondamentales et des droits humains ». LREM a pris le résultat du vote comme un uppercut au menton. L'effet de ce mauvais résultat dans les rangs des marcheurs a été terrible. Ceux qui, jusqu'alors, jouaient les ultra-convaincus se sont mis à douter. L'opposition, elle, se réjouissait d'un début de « fronde ».

Bonne nouvelle, Emmanuel Macron semblait avoir pris la mesure de ce qui s'était joué. En Conseil des ministres, le président a rappelé que c'était par l'écoute et non pas le caporalisme qu'il fallait apporter une réponse aux doutes que nous avions exprimés. Matignon, de son côté, tentait de déminer : « Un seul article a continué de faire l'objet de débats [celui sur les interdictions administratives de manifester] et a provoqué l'abstention de certains députés de la majorité. » Le record d'abstention de marcheurs n'en restait pas moins une surprise.

S'agissait-il d'un tournant du quinquennat ? D'un nouveau courant ? D'un début de fracture ? Sur son blog, le chef de file des Insoumis, Jean-Luc Mélenchon, identifiait « une faille très productive ». J'étais plutôt satisfaite, même si nous n'avions pas obtenu gain de cause. J'avais le sentiment que pour la première fois, cette majorité avait eu le cran de dire non, et de s'ancrer plus à gauche qu'à l'accoutumée. Oui, cet abstentionnisme collectif devait être interprété comme un indicateur de sensibilité politique dans cet « objet politique non identifié » qu'était le macronisme à ce moment-là… Le bémol, c'est que beaucoup de courageux abstentionnistes avaient maintenant des sueurs froides… Les députés qui s'étaient abstenus récusaient toute « fronde », ils dégonflaient leur acte de résistance et communiquaient de façon lénifiante sur la suite de la session parlementaire, comme lorsqu'un ouragan se transforme en tempête tropicale, puis en tempête tout court, jusqu'au calme plat.

Après ce record inédit d'abstentions de députés LREM, une deuxième tornade allait s'abattre sur l'Assemblée, avec le départ de Matthieu Orphelin, personnalité reconnue au sein des marcheurs. « J'ai pris la décision de quitter le groupe parlementaire LREM, nous a-t-il signifié dans une lettre. C'est une décision lourde de sens. » Pour justifier sa décision, ce proche de Nicolas Hulot a notamment invoqué des progrès insuffisants en ce qui concernait les enjeux climatiques, écologiques et sociaux, et critiqué certains choix du gouvernement en matière de justice fiscale.

De cette période, et des nombreuses péripéties parlementaires liées à la crise des Gilets jaunes, je retiens aussi la séquence du grand débat national. Ce véritable concours Lépine de l'innovation législative la plus intéressante a donné lieu à des propositions farfelues de la part de certains de nos députés. Pour le reste, plusieurs solutions ont été proposées pour trouver des marges de manœuvre budgétaires et tenter de réconcilier le pays. Augmenter les impôts ? Hors de question ! Et le gouvernement n'a évidemment pas fait ce choix-là. Jouer sur le déficit public ? Hélas, nous avons dû nous adapter et réduire le déficit moins vite que ce que nous avions prévu. Mais nous passons quand même d'un déficit de 3,4 % en 2017 à un déficit de 2,2 % en 2020. Au total, la baisse se chiffrera à plus de 20 milliards d'euros. C'est vrai, nous espérions aller plus vite dans notre quête d'un retour à l'équilibre, mais il faut aussi savoir tenir compte des réalités.

La crise des Gilets jaunes a mis en lumière de nombreuses failles et l'immense défiance qui s'installe entre la population et ses instances dirigeantes. Je ne peux que la comprendre et vous explique pourquoi. Durant l'hiver 2019, j'ai été invitée à participer à un débat sur LCP, la Chaîne parlementaire, au sujet de Nasser et du canal de Suez. Sur le plateau il y avait également trois hommes, tous spécialistes du Moyen-Orient et pas franchement aimables envers moi, image de l'« ancien monde » et de la France d'avant (j'espère)… Nous allons de l'Égypte à la France, et de l'histoire à l'actualité. En 1956, lorsque Gamel Abdel Nasser a accédé à la présidence, l'Égypte comptait 600 000 fonctionnaires ; en 1970, lorsqu'il a quitté le pouvoir, le pays en comptait 1 600 000. Nasser a offert un poste de fonctionnaire à chaque étudiant : cadeau empoisonné, qui a durablement pénalisé les finances publiques égyptiennes.

J'en viens aux ambitions longtemps affichées par Emmanuel Macron en matière de réduction des effectifs dans la fonction publique : 50 000 postes de fonctionnaires d'État supprimés, c'était l'objectif pendant la campagne. Comme notre parti excelle en communication, il donnait même le chiffre de 120 000, en indiquant : 50 000 dans la fonction publique d'État, le reste dans la fonction publique hospitalière et territoriale.

Hélas, sur cette question, je considère que La République En Marche prend le problème complètement à l'envers. Dans mon ancienne vie de consultante en réduction de coûts opérationnels, lorsqu'un patron me disait : « Nous allons supprimer trois cents équivalents temps plein (ETP) », je lui répondais : « Très bien, mais si c'est votre seul objectif, vous pouvez le faire sans moi. Vous n'avez pas besoin de mes services pour cela. » Si le gouvernement entend supprimer 50 000 postes de fonctionnaires d'État, ou ne pas compenser les départs à la retraite, il peut y parvenir facilement. Si c'est son unique ambition, il n'a pas besoin de prendre des mesures.

Mais je pense au contraire que les Français attendent une vraie réforme du service public. Les fonctionnaires d'État doivent se recentrer sur leurs missions et se redéployer sur le terrain : il faut davantage d'agents dans les guichets, face au public justement, à des postes où ils aident les administrés à remplir des formulaires. Plus de postes sur le terrain, près du public, et moins de postes dans l'administration centrale. Les mains dans le cambouis et moins la tête dans les étoiles, pour le dire autrement. Prenons l'exemple de la seule Direction générale des finances publiques, particulièrement frappée par ces suppressions de postes. Je considère qu'il faut y mettre un terme ; durant la crise des Gilets jaunes, la France semi-urbaine et rurale a justement exprimé son sentiment d'abandon. La disparition du service public, sur certains territoires, a donné aux Français qui y vivent le sentiment d'être traités comme des citoyens de seconde zone. C'est inacceptable.

Gérald Darmanin, le ministre de l'Action et des Comptes publics, a annoncé au printemps 2019 que le gouvernement n'atteindrait pas l'objectif, pourtant nettement revu à la baisse entre-temps, de supprimer 15 000 postes de fonctionnaires d'État pendant le quinquennat. Le chiffre de 10 500 postes a finalement été donné, ce qui est loin, très loin de la promesse initiale de campagne d'Emmanuel Macron d'en supprimer 50 000 à cet échelon et 70 000 de plus dans la fonction publique territoriale. Pour autant, je suis convaincue qu'il s'agit d'une bonne nouvelle.

À côté de cela, d'autres chantiers concernant le marché de l'emploi sont en plein essor, la question des retraites par exemple bat son plein en ce moment.

Une république sans cheveux gris

Une économie ne se porte pas bien si elle ne fait pas travailler ses jeunes et ses anciens. La jeunesse, c'est l'enthousiasme, l'innovation, la puissance de travail, pour un salaire horaire qui reste attractif pour les employeurs. Les entreprises ont donc beaucoup d'avantages à recruter de jeunes salariés. Les seniors, eux, c'est-à-dire les cadres expérimentés, peuvent mettre en avant leur savoir-faire, leur expérience et leur capacité à transmettre, en accompagnant les nouveaux venus.

Une économie peut regarder l'avenir avec sérénité lorsque l'employabilité des jeunes et des anciens est assurée. Hélas, quand je regarde les carrières aujourd'hui, je suis frappée par la souffrance professionnelle des actifs : burn out, stress au travail... Indiscutablement, il y a aujourd'hui un problème au sein de nos organisations, dans notre conception même du travail.

« Prenez l'exemple du plombier, disait en juillet 2019, avec beaucoup de justesse, le philosophe

Charles Pépin, dans une longue interview à *L'Obs*[1]. Le plombier n'a pas besoin de mendier des compliments à son patron comme un cadre doit souvent le faire. Il a réparé la fuite, la gratification est liée au travail accompli. Je vois mes anciens camarades de HEC enfermés dans des *bullshit jobs*[2] où ils ne peuvent jamais contempler les fruits de leur travail. Ils ont une fonction, de l'argent, mais pas de métier au sens propre. Une petite fille de CE2 m'a dit récemment : "Ma maman, son métier c'est la réunion". La sortie de crise actuelle passera par la réhabilitation de la notion de métier. » Je crois que le mal-être causé par le travail et ressenti par beaucoup de nos compatriotes est brillamment décrit dans ces propos. De mon côté, je prolongerais cette analyse en citant l'exemple des associations. Je rencontre énormément de personnes, à Cherbourg, qui travaillent pour la Société nationale des sauveteurs en mer (SNSM). Ce qui me frappe à chaque fois, c'est qu'ils sont heureux ! Ce sont des bénévoles, et ils ont le sourire, bien plus que certains salariés qui gagnent très honorablement leur vie.

Je profite justement de ces lignes pour rendre hommage aux trois sauveteurs de la SNSM, disparus en juin 2019, après que leur vedette a chaviré au large des Sables-d'Olonne. Sept sauveteurs étaient partis

1. Louis Morice, « Comment avoir confiance en soi ? La réponse du philosophe Charles Pépin », nouvelobs.fr, 6 juillet 2019.

2. Traduit de l'anglais : « métiers vides de sens ».

porter assistance à un bateau de pêche en difficulté. Quatre d'entre eux sont parvenus à regagner la côte à la nage, malheureusement les trois autres ont trouvé la mort après avoir été pris au piège dans le bateau. Ils étaient âgés de 28, 51 et 55 ans, et deux d'entre eux étaient pères de famille. Ils ont été nommés chevaliers dans l'ordre national de la Légion d'honneur à titre posthume. Ils faisaient partie des 8 000 bénévoles de la Société nationale de sauvetage en mer que je voudrais saluer pour leur courage et leur abnégation. En effet, je n'ai jamais vu autant de gens heureux que dans les associations. Je pense que notre gouvernement, plus que jamais, doit protéger et continuer à faire prospérer ce réseau d'associations qui maille notre territoire national et renforce la cohésion sociale.

Nous devons nous inspirer des associations pour rendre les Français plus heureux au travail. Il nous incombe, pour y parvenir, de mieux protéger les travailleurs, non pas en révisant complètement le droit du travail, ni en nous contentant de demi-mesures, mais en écrivant et en votant de vraies lois ambitieuses. La France, c'est le pays que tout le monde regarde, le pays des droits de l'homme. S'il affiche l'ambition d'être mieux-disant en matière de droits des travailleurs, le monde entier lui emboîtera le pas. N'ayons pas peur de prendre des risques. (Re)devenons collectifs ! La France n'est jamais aussi heureuse que lorsqu'elle parle pour elle-même et pour le monde. La France n'est jamais aussi heureuse que lorsqu'elle transmet un message universel. Oui, je crois qu'il y a dans notre pays suffisamment de richesses et de talents pour mener à bien ce vaste chantier. Hélas, je vois de plus en plus de femmes et d'hommes politiques baisser les bras, je les entends s'abriter derrière cette excuse toute faite : « Nous n'avons pas les moyens. » C'est un discours de « grand patron », de comptable, d'épicier ! Mais ce n'est pas le discours d'un responsable politique digne de ce nom. Les élus – comme tous ceux qui se présentent à une élection – ne peuvent pas s'en tenir à cet aveu d'échec. Fixons la ligne, aussi ambitieuse que possible. L'intendance suivra !

Emmanuel Macron n'est pas encore suffisamment entré dans cette logique. Il demeure, pour l'heure, le représentant du néolibéralisme. Les élites ont rapidement compris, après le krach boursier de 1929 aux États-Unis, et la récession mondiale qui a suivi, qu'elles devaient soutenir le retour à un État plus régulateur. Mais régulateur au profit de qui ? Des hommes ? De la société ? Non, au profit de la croissance, de la productivité des entreprises, et en fin de compte, du capital, c'est-à-dire des capitalistes et de l'argent. Dans le néolibéralisme, personne ne s'intéresse à l'émancipation professionnelle, au savoir, à la culture ; et si quelqu'un parle de formation professionnelle, c'est uniquement dans l'intérêt du marché.

Sur le sujet, LREM doit vite élargir son raisonnement, aussi bien parce qu'il faut établir la justice sociale et la cohésion nationale que parce que l'urgence climatique nous impose plus que jamais de jeter aux oubliettes ce vieux dogme selon lequel la croissance du produit intérieur brut (PIB), des entreprises et de l'économie est le graal. La priorité, me semble-t-il, ce sont les hommes et les femmes, leur émancipation, leur épanouissement, et leur bien-être, qui comprend le bien-être au travail. Je suis d'ailleurs plutôt favorable au revenu universel. Mais cela semble bien loin des préoccupations du gouvernement en ce moment alors que le renouveau attendu le laissait présager.

Le gouvernement comme la majorité manquent de diversité. Autrement dit, cette nouvelle vague dont le pays s'est réjoui qu'elle entre à l'Élysée, dans les ministères et à Assemblée a aujourd'hui besoin de cheveux gris. J'ai l'impression que le macronisme est une république de premiers de la classe. Je peux reconnaître à mes collègues leurs compétences, leur capacité de travail, mais ils ont tous moins de 40 ans. Sibeth Ndiaye, Amélie de Montchalin, Cédric O au gouvernement, tant d'autres – dont moi ! – au Palais-Bourbon, nous apportons notre fraîcheur, mais le lait nous coule encore du nez… Je déplore que nous donnions l'image d'une République qui a décidé de se passer de ses cheveux gris. Au quai d'Orsay, un ambassadeur m'a confié : « Lorsque je me rends à l'Élysée, j'ai l'impression de débarquer dans une start-up, il n'y a que des jeunes. C'est une ruche de technocrates en culottes courtes. » Moi-même, j'ai eu l'occasion de visiter la Station F, le gigantesque campus de start-up créé par Xavier Niel à Paris et inauguré en 2017. Il s'agit d'un lieu exceptionnel, d'une vraie rampe de lancement pour ceux qui ont la chance de s'y établir. Mais l'Élysée n'est pas un incubateur de start-up ! Le centre névralgique du pouvoir politique en France ne peut pas accueillir uniquement un seul type de profils. La nation start-up rêvée par Emmanuel Macron doit rester un slogan publicitaire appliqué à un secteur économique, mais en aucun cas un programme politique, et encore moins un projet de société. L'Élysée comme la représentation nationale doivent tirer parti de l'expérience des cheveux gris, mettre à contribution des talents qui reposent sur tous les degrés de la pyramide des âges.

Un projet politique ne peut pas – ne doit surtout pas ! – n'être issu que du travail de technocrates. L'hostilité d'une partie de l'opinion à l'égard de nos élites, aujourd'hui, est d'ailleurs révélatrice de ce problème. Il y a encore quelques années les énarques correspondaient dans l'esprit des gens à cette définition de Coluche : « Si on leur donnait le Sahara, dans cinq ans il faudrait qu'ils achètent du sable ailleurs. » Mais aujourd'hui, l'humour semble un lointain souvenir, il a laissé place à une profonde défiance de la part de l'opinion. Les « Gaulois réfractaires au changement » ont pris leurs têtes pensantes en grippe. Hauts fonctionnaires contre France d'en bas ? Une chose est sûre, un lien avec les Français s'est rompu. Par le passé, des mesures ont été prises, ponctuellement, pour tenter d'associer davantage la société civile et ses représentants, pour tenter d'être davantage à l'écoute de la « France d'en bas ».

Mais chassez l'élitisme, il revient au galop ! Les hauts fonctionnaires issus des grands corps d'État – l'Inspection générale des finances, le Conseil d'État ou la Cour des comptes – continuent d'accaparer les meilleures places non seulement dans les cabinets ministériels et l'Administration, mais aussi dans les grandes entreprises publiques ou privées, où beaucoup d'entre eux pantouflent discrètement.

De ce point de vue, le mini-remaniement ministériel de mars 2019 n'a guère été efficace. Il n'a pas suffisamment brassé les troupes ni diversifié les CV. En effet, Emmanuel Macron avait dû procéder à quelques ajustements après les départs du gouvernement de Nathalie Loiseau (ministre des Affaires européennes), de Benjamin Griveaux (porte-parole du gouvernement) et de Mounir Mahjoubi (secrétaire d'État au Numérique). La première avait quitté ses fonctions pour mener la liste de La République En Marche aux élections européennes, les deux autres, pour se lancer dans la campagne des municipales à

Paris. Mais à l'arrivée, j'apercevais toujours les mêmes profils de bon élève, d'enfant de bonne famille, ou de « jeune » tendance start-uper, dans la liste de ceux qui les avaient remplacés au gouvernement : Sibeth Ndiaye était devenue porte-parole du gouvernement, Amélie de Montchalin avait été nommée secrétaire d'État aux Affaires européennes et Cédric O avait pris le portefeuille du Numérique.

Aujourd'hui encore, le problème de ce gouvernement de premiers de la classe et de jeunes branchés – où les cheveux gris font cruellement défaut –, c'est que ces très bons élèves qui ont sauté plusieurs années à l'école primaire de la politique (plusieurs ne sont pas encore quadragénaires) rechignent à se retourner vers les derniers de la classe pour leur demander : comment faire pour vous aider ?

Au cours de ma carrière professionnelle, j'ai eu l'occasion d'enseigner à l'université Paris-2 Panthéon-Assas. J'ai alors pris toute la mesure, par l'expérience, du fait qu'il ne faut pas se concentrer exclusivement sur les locomotives d'un groupe d'élèves, mais prendre soin de garder accrochés ensemble tous les wagons. En 2019, à l'Assemblée, j'ai effectué un rapport sur le financement du terrorisme pour lequel j'ai eu besoin de rencontrer de nombreux spécialistes. Je le formule ainsi car cela m'est apparu comme une évidence : les entretiens les plus ennuyeux que j'ai menés, c'était avec les technocrates européens et les diplomates du ministère des Affaires étrangères. Ces experts pétris de certitudes parlent une langue de bois brut qui, peu importe le sujet, rend leur propos absolument lisse et sans intérêt.

Lorsque j'ai pris la décision de me lancer en politique, j'avais un projet : si j'étais élue, je ne serais pas là pour moi. Je ne serais pas là pour me servir, mais pour servir. Lorsqu'on devient responsable politique, il faut savoir s'oublier, se mettre au service des autres. Pourtant, conserver cette clarté d'esprit et cet engagement désintéressé n'est pas chose aisée. Beaucoup de parasites s'agitent autour du pouvoir et de ceux qui le détiennent, il faut se méfier de leurs conseils.

De mon côté, je n'ai jamais adhéré à cette notion de « nouveau monde ». Je ne me suis jamais présentée comme une députée du « nouveau monde ». Au contraire, j'ai fait de ma formule un emblème et un leitmotiv : « LREM manque de cheveux gris ! » Nous manquons de gens expérimentés. Des ambitieux, nous en avons à revendre en revanche, tous ces personnages qui se battent pour des postes, mais qui laissent le président de la République tout seul, en première ligne, dès qu'il y a des coups à prendre.

Mettre les technos au pas

Les jeunes, les sans-grades, les rebelles sont plutôt de mon côté. Mais les barbons de l'Assemblée et les technocrates ne me supportent pas. Je bouscule leur ordre bourgeois, je ne respecte pas leurs codes poussiéreux. Les technos, peu importe comment on les désigne, sont au cœur de la solution que nous devons mettre en place.

Quand diable déclenchera-t-on une véritable réforme de l'Administration dans ce pays ? Nous disposons d'une armée de fonctionnaires compétents, investis, efficaces, mais nous devons lui donner plus de pouvoir. L'administration américaine, par exemple, est formidablement puissante parce qu'elle s'est rendue indépendante du pouvoir politique. J'aimerais donc que nous engagions un mouvement de déconcentration et de transparence au sein de l'administration française ; que la gendarmerie, la police ou encore la police aux frontières (PAF), pour ne citer qu'elles, puissent organiser leurs propres conférences de presse afin de parler de leur propre voix. Aujourd'hui, hélas, seuls les élus responsables des dossiers, ou les représentants syndicaux de ces institutions, s'expriment officiellement… Moi, j'aimerais que demain, l'Administration publie des communiqués de presse, pour mettre les élus face à leurs contradictions. Je crois en effet qu'il est urgent de dépasser cette représentation sclérosée, avec d'un côté l'Administration, les méchants fonctionnaires, et de l'autre les représentants politiques, les gentils élus.

Oui, nous aurions beaucoup à gagner à nous en remettre à l'Administration ainsi qu'à ce que j'appelle l'excellence opérationnelle. Mon analyse, c'est que les personnes les plus proches du terrain sont le plus à même de poser – et de résoudre – les problèmes que nous rencontrons aujourd'hui. Et les fonctionnaires, de fait, sont souvent aux premières loges, en relation directe avec les habitants et les réalités du pays.

Lorsqu'ils se saisissent d'un sujet, les femmes et les hommes politiques, au lieu de chercher une solution, vont souvent d'abord chercher un espace pour faire entendre leur voix. Ils vont la plupart du temps essayer de diviser car ils pensent surtout à sauver leur place. Un élu est toujours obsédé par la prochaine élection. Allez donc lui parler d'un sujet qui vous tient à cœur, faites-en l'expérience : il ne voit pas un citoyen, mais un bulletin de vote. Or, notre société a besoin d'apaisement. Le calme et la mise à distance viennent de l'information et des faits établis, et, dans cette perspective, l'Administration a un rôle clé à jouer. L'Administration, c'est la force des lois. Aujourd'hui, et je le regrette, les fonctionnaires de notre pays sont trop liés au pouvoir politique, nous devons leur octroyer plus d'indépendance et la capacité de travailler sereinement.

Parallèlement à cette (r)évolution que j'appelle de mes vœux, les politiques, aux premiers rangs desquels les députés LREM, doivent effectuer leur autocritique. La France est un pays latin et je suis moi-même méditerranéenne. Je ne dis pas qu'il ne faut pas mettre de la passion dans sa vie comme dans ses engagements. Je dis simplement qu'il faut les deux : le cœur, et les neurones. Aujourd'hui, soit les élus manipulent le cœur, l'émotion ; soit ils n'utilisent que leurs neurones. Bénédicte Peyrol, l'ancienne cheffe de file de la puissante et très stratégique commission des finances à l'Assemblée nationale, ou Amélie de Montchalin, ne mettent que des neurones dans leurs interventions, j'aimerais qu'elles y mettent aussi du cœur.

Je crois, surtout, que nous devons être beaucoup plus humbles que nous ne l'avons été depuis le début du quinquennat. N'oublions jamais qu'élection ne veut pas dire démocratie ! Je fais en sorte, de mon côté, de toujours m'en souvenir. Je suis chaque fois étonnée, et pour tout dire mal à l'aise, lorsque j'entends certains de mes collègues LREM m'expliquer doctement : « Les Français ont voté pour que nous prenions tel type de mesure, que nous menions tel type de politique. » Hélas, ces élus oublient que La République En Marche n'a recueilli que 24 % des voix des électeurs au premier tour, score faible et qui plus est caractérisé par une participation en baisse par rapport à 2012… 24 % au premier tour, ce n'est pas un plébiscite ! Le 23 avril 2017, date du premier tour, ce n'était pas un sacre ! À titre de comparaison, Nicolas Sarkozy avait recueilli 31,18 % des suffrages au premier tour en 2007, et François Hollande 28,63 % des suffrages au premier tour en 2012.

Ces élus oublient enfin qu'au second tour, une partie de l'électorat a voté LREM en se pinçant le nez, pour éviter Marine Le Pen et son Rassemblement national. Mes collègues députés LREM ne tiennent pas compte des ralliements, et de l'effet « front républicain » dont nous avons bénéficié. Le pire, c'est que cette alliance n'a pas réussi à empêcher une abstention massive… Au second tour de l'élection présidentielle de 2017, elle a même été de plus de 25 % des inscrits (le taux le plus élevé pour un second tour depuis 1969), en hausse par rapport au premier tour.

Ce constat me pousse à considérer qu'à l'avenir, la solution est à la fois de gauche et de droite. Cela tombe bien, c'est justement l'idéologie de La République En Marche. Emmanuel Macron a eu le génie de réussir ça. Bon… François Bayrou développait le même concept depuis des années, mais il n'arrivait pas à l'incarner… La vie politique est cruelle, mais c'est ainsi, elle est également portée par des hommes et des femmes, sous-tendue par des corps, des visages, des caractères. Emmanuel Macron a représenté la bonne proposition politique, sa personne incarnait ce qu'il fallait, au bon moment.

Notre parti s'étend du centre gauche au centre droit sur l'échiquier politique, ce qui conduit nos détracteurs à le dénigrer en le qualifiant de parti attrape-tout. Or, je crois que c'est précisément ce qui fait notre force. Nous sommes à la fois de gauche et de droite. Et les solutions que nous inventons, les mesures que nous prenons, doivent être à la fois de gauche et de droite. Pourtant ce positionnement historique, qui nous a permis de remporter l'élection présidentielle, est devenu notre plus grand défi aujourd'hui. À quelques mois des municipales, il y a un risque réel que la balance se déséquilibre. Le danger que le plateau de la droite dure l'emporte définitivement n'a jamais été si grand.

Restons humbles, restons modestes. Je m'inclus dans ce conseil, car j'ai une « forte personnalité » et je vois bien comment un élu peut facilement se laisser griser, puis sombrer dans l'arrogance. Restons de gauche, et restons de droite. Et n'oublions pas, je le répète, qu'élection ne veut pas dire démocratie.

L'incident turc

Je suis membre non seulement de la commission des affaires étrangères de l'Assemblée nationale, mais également de l'Assemblée parlementaire de l'Organisation du traité de l'Atlantique Nord (OTAN). À ce titre, je me rends à Washington, DC, aux États-Unis, chaque mois de décembre, ainsi que dans d'autres pays.

En avril 2019, lors d'une réunion de l'Assemblée parlementaire de l'OTAN en Turquie, une violente altercation au sujet du génocide arménien m'a opposée à Mustafa Şentop, le président du Parlement turc, ainsi qu'à Mevlüt Çavuşoğlu, le ministre des Affaires étrangères de Turquie. Cet incident s'est produit au lendemain de la parution, dans le *Journal officiel* en France, du décret instaurant une commémoration annuelle, le 24 avril, du génocide arménien de 1915. Les Arméniens considèrent en effet qu'un million et demi de leurs compatriotes ont été assassinés de manière systématique par les troupes de l'Empire ottoman durant la Première Guerre mondiale. Or, Ankara, de son côté, rejette catégoriquement l'emploi du terme

« génocide » ; la version turque est celle de massacres et d'atrocités commis par les deux camps, ayant fait des centaines de milliers de victimes de part et d'autre. La publication de ce décret a déclenché de nombreuses critiques en Turquie, parfois extrêmement violentes, contre la France et le président Emmanuel Macron, qui avait annoncé en février 2019 l'instauration de cette journée de commémoration.

Ce jour-là, à l'ouverture de la réunion, à Antalya en Turquie, Mustafa Şentop s'est lancé dans une diatribe acerbe contre la France, l'accusant de « manipuler l'histoire ». J'étais furieuse ! Je l'entends encore exprimer, rageur et vindicatif, sa colère à l'égard de la position de la République française. Il considérait comme une honte que nous ayons reconnu le génocide arménien.

Le sang me battait aux tempes, et je sentais mon pouls s'accélérer dans ma poitrine. Je n'avais pas le droit de m'exprimer parce que la séance n'était pas ouverte, mais je n'ai pas pu me retenir de prendre la parole. Quoi ! Il aurait fallu rester docilement assise, à supporter ces mises en cause sans réagir ! Ce n'était pas l'usage, mais il fallait passer outre le protocole car les accusations portées étaient trop graves. Je me suis donc emparée du micro. J'ai publiquement exprimé que j'étais choquée par ces critiques et j'ai rejeté la version turque de l'histoire, « écrite par les vainqueurs ». J'étais tellement hors de moi que je me suis rendu compte, rétrospectivement, que j'avais tutoyé Mustafa Şentop, ce dont je ne suis pas fière… Après m'être rassise, je pensais que le pire était passé, mais je n'étais pas au bout de mes peines. Mevlüt Çavuşoğlu, le ministre des Affaires étrangères, fulminant, s'est exprimé à son tour : « En matière de génocide et de réécriture de l'histoire, la France est bien le dernier pays à pouvoir donner des leçons à la Turquie parce que nous n'avons pas oublié ce qui s'est passé au Rwanda et en Algérie. Vous pouvez continuer à regarder les choses de haut mais nous continuerons à vous remettre à votre place de cette façon. » Au passage, l'Italie aussi s'est retrouvée prise pour cible. Le chef de la diplomatie turque a ordonné aux députés de Matteo Salvini de se préoccuper de ce que leur pays avait fait dans les années quarante, mais les élus transalpins n'ont pas réagi. Peut-être n'ont-ils pas osé, peut-être n'étaient-ils pas suffisamment expérimentés, peut-être se sont-ils laissé impressionner ?

Dans mon esprit, en tout cas, la ligne jaune venait d'être franchie. Il n'y avait plus grand-chose à faire sinon quitter la salle. Je me suis levée et je me suis dirigée vers la sortie en signe de protestation, accompagnée de la délégation française. Je suis sortie et j'ai croisé, à l'extérieur de la salle, le président du Parlement turc qui donnait une interview, mentant éhontément aux journalistes : « Les Français qui étaient présents n'ont pas réagi, il n'y a que Sonia

Krimi qui s'est agitée. Son attitude est peut-être liée à ses origines, sans doute veut-elle prouver qu'elle est française. » Quelle honte, quel scandale !

Aujourd'hui je tiens à être extrêmement précise sur le déroulement des événements. J'ai attendu que Mevlüt Çavuşoğlu termine son intervention – pour désastreuse qu'elle ait été – puis je me suis levée, c'est-à-dire que j'ai quitté la salle au moment où il ne parlait plus. Les Turcs ont manipulé les images dans la vidéo qu'ils ont mise en ligne après cet incident diplomatique. Sur leur montage, j'ai l'air d'être en train de fuir la séance alors que le ministre des Affaires étrangères continue de s'exprimer. Il s'agit d'un mensonge, ni plus ni moins. Pire : la séquence a été montée en accéléré pour donner l'impression que je cours, que je m'échappe. En plus d'être totalement ridicule, c'est très grave sur le fond.

Avec le recul, j'ai véritablement le sentiment d'être tombée dans un guet-apens. En général, les participants n'évoquent pas les sujets de dissension lors des réunions de l'OTAN, ce n'est pas l'endroit adéquat ; au contraire, nous parlons de ce qui nous lie : défense, lutte contre le terrorisme, politique vis-à-vis de la Russie, etc. Ce jour-là, nous n'étions plus à une session de l'Assemblée parlementaire de l'OTAN, mais à un règlement de compte politique.

J'ai, depuis, plusieurs fois repensé à cet épisode horriblement désagréable. « Vous nous donnez des leçons, vous êtes arrogants », reprochaient les Turcs à Emmanuel Macron. Et, en l'occurrence, aux parlementaires présents à Antalya ce jour-là, dont je faisais partie. « Balayez devant votre porte, allez voir l'Algérie, le Rwanda », nous répondaient-ils en substance. Je crois, justement, que la France balaie très bien devant sa porte, pour le dire de façon un peu directe. La différence entre nos deux pays, c'est que la Turquie s'est rendue coupable d'un génocide, là où la France a commis des erreurs lourdes, graves. Les historiens peuvent acter la responsabilité de Paris dans le génocide rwandais, mais aucun d'entre eux ne peut affirmer que la France était à la manœuvre pour mettre en place une politique d'extermination systématique. Il ne s'agit pas d'une nuance, mais d'une différence fondamentale. Et sur ce sujet, la France fait d'autant plus sa part de travail que depuis le printemps 2019, une commission d'enquête indépendante mise en place par Emmanuel Macron investigue pour faire la lumière sur le dossier du Rwanda.

Que le colonialisme, par ailleurs, ait constitué « un crime contre l'humanité » – c'est Emmanuel Macron qui l'a dit, et je le pense aussi – est un fait ; que le colonialisme ait été une barbarie – je le pense aussi – est un fait ; qu'il y ait eu des crimes d'État durant la période coloniale – je l'admets, et j'en ai honte – est un fait ; mais la France ne s'est jamais fixé comme projet d'éliminer les Algériens, tous les Algériens, pour la seule et unique raison qu'ils étaient Algériens.

« Quand l'arrogant @MevlutCavusoglu se permet de vous donner des leçons en arrogance et politesse avec arrogance et impolitesse ! » ai-je écrit sur Twitter dans les heures qui ont suivi la session parlementaire de l'OTAN, ajoutant à ma publication les hashtags *#24avril* et *#genocidearmenien.* Je ne suis pas une reine du conflit sur les réseaux sociaux et je n'essaie pas de l'être, mais là, j'étais vraiment en colère ! Puisque le chef de la diplomatie turque m'avait bloquée sur le réseau social, j'ai ajouté : « Quelle belle leçon de démocratie et de diplomatie ! » Sur Internet, l'incident a pris des proportions considérables. La nuée des soutiens et, surtout, des trolls s'est abattue sur mes comptes sociaux. J'ai été traitée de harkie – ce qui n'est pas une insulte, et au passage je ne suis même pas certaine que le mot « harki » s'applique aux Tunisiens, mais cela dit assez la confusion qui règne sur la Toile, et dans l'esprit de certains de nos compatriotes. De son côté, le porte-parole de la présidence turque, İbrahim Kalın a partagé sur Twitter un article faisant la liste « des taches sombres de l'histoire de France », en ajoutant à propos des Français que « ni leur passé colonialiste ni leur présent égocentrique ne leur garantissent de supériorité morale ».

À mon retour à Paris, quelques collègues d'En marche ! ont joué les perfides… Ils s'interrogeaient, dans la seule perspective de raviver la polémique, à l'Assemblée ou lors des dîners en ville : « Pourquoi a-t-elle fait ça ? – Pour se mettre sur le devant de la scène… – Pour faire parler d'elle… » J'insiste sur le fait que je n'ai pas agi seule, et qu'avant de quitter la salle, j'avais demandé l'avis du président de notre délégation. Cet « épisode turc » est un pur hasard, je ne prépare pas mes coups politiques (contrairement à certains). Non, je ne suis pas de celles qui prennent des poses idéologiques en rêvant d'attirer un peu de lumière médiatique…

En France, d'autres députés LREM, heureusement, m'ont soutenue. Les présidents des deux commissions des affaires étrangères de l'Assemblée et du Sénat, par ailleurs, ont adressé à leurs homologues turcs des courriers pour déplorer l'incident et exprimer un certain nombre de reproches.

Depuis cette séance houleuse en Turquie, je me suis beaucoup documentée sur le dossier du génocide arménien. Je sais que le sujet est dense et complexe et je n'entends pas l'épuiser ici en quelques lignes. Mais je pose deux questions. Pourquoi, alors, les trois dirigeants du gouvernement turc qui ont organisé le génocide des Arméniens ont-ils été condamnés à mort par contumace en cour martiale dès 1919 après une enquête méticuleuse du nouveau gouvernement ? Pourquoi un tribunal spécial fut-il mis en place dans le but de juger des membres du parti Jeunes-Turcs, et qui a abouti à la condamnation à mort par contumace du triumvirat ?

Je souhaite ajouter que je suis désormais inscrite aux groupes d'amitié avec l'Arménie et avec la Turquie à l'Assemblée. Mais à Mustafa Şentop, le président du Parlement turc, ainsi qu'à Mevlüt Çavuşoğlu, le ministre des Affaires étrangères de Turquie, qui m'ont tous les deux prise pour cible, j'aimerais demander : le Parlement turc compte-t-il un seul député d'origine arménienne ? Aucun ! Zéro ! Il n'y en a pas ! De mon côté, je peux en revanche citer de nombreux députés français d'origine algérienne ou tunisienne à l'Assemblée nationale ou au Sénat. Alors oui, il y a de grands pays, mais tous les grands pays n'ont pas eu une histoire dont chaque étape est glorieuse. Faut-il nier les faits ? Déchirer les pages des manuels scolaires ? Réécrire les événements ? Je crois, moi, qu'un grand pays ne s'affaiblit pas en regardant en face, avec lucidité, ses heures sombres. Je crois qu'au contraire, il en sort grandi. En écrivant ces lignes, je pense justement à Jacques Chirac, mort cet automne. L'ancien président de la République a su reconnaître, lors du discours prononcé à l'occasion de la commémoration de la rafle du Vel' d'Hiv' en 1995, le rôle sinistre et la responsabilité de l'État français dans la déportation de Juifs.

Si cet incident démontre bien combien les questions de diplomatie sont complexes et qu'une étincelle explosive peut surgir à tout instant, il illustre aussi une autre problématique, celle de l'ingérence. Vous me trouverez certainement un peu cavalière de faire un semblable parallèle, mais il me semble que notre relation avec l'Union européenne souffre aussi de cette impression que l'on nous dit comment faire et comment penser.

Réenchanter l'Union européenne

« Se fixant de grandes ambitions, l'Europe pourra faire entendre sa voix et défendre des valeurs fortes : la paix, la défense des droits de l'homme, davantage de solidarité entre les riches et les pauvres. L'Europe, c'est le grand dessein du XXIe siècle », disait Simone Veil alors première femme présidente du Parlement européen.

Je crois que tout le problème est là, justement. L'Union européenne (UE) s'est-elle jamais fixé de grandes ambitions ? Se fixe-t-elle vraiment, aujourd'hui, de grandes ambitions ? Je ne le pense pas. Je n'ai pas participé, d'ailleurs, à la campagne des élections européennes du printemps 2019, parce que je suis mal à l'aise avec l'Union telle qu'elle s'incarne aujourd'hui. Faire campagne pour LREM ? Je me suis impliquée pour la présidentielle, et les législatives. Mais au sujet des européennes, je craignais d'être déçue. Mettre un tee-shirt avec un slogan et distribuer des tracts sur les marchés ? Je redoutais un peu ce que j'aurais pu entendre de la part des adversaires de l'UE, et je n'étais pas certaine de suffisamment croire à l'Union actuelle pour la défendre convenablement…

Bien sûr, je connais par cœur les arguments de ses apologistes, et je ne les réfute pas. L'Europe a permis la paix, elle a favorisé l'augmentation considérable du niveau de vie des citoyens dans les pays les plus pauvres de l'Union, elle abrite les Européens derrière le bouclier des normes qui a fait disparaître – en grande partie – les scandales agroalimentaires, industriels et sanitaires. À Noël, par exemple, les enfants ne s'étouffent plus avec leurs jouets, les consommateurs ne s'électrocutent plus avec leurs guirlandes, ne s'intoxiquent plus avec leurs bougies parfumées, ne s'empoisonnent plus… même s'il arrive encore quelquefois que les amateurs de lasagnes dégustent de la viande de cheval à la place de la viande de bœuf. Mais là encore, pas de risque pour la santé humaine. C'est un fait, l'Union européenne a apporté une certaine sécurité alimentaire, sans que cela signifie que nous mangeons mieux… Au bout du compte, depuis que l'UE est née des différents traités qui ont étendu son champ d'action (et ses compétences), 512 millions d'Européens connaissent, pour une grande majorité, une amélioration de leur qualité de vie.

Hélas, là où les Européens ont échoué, c'est dans la transformation démocratique de ce mastodonte. L'Union européenne est restée un monstre froid. À la fin des années quatre-vingt, au moment de la chute du mur de Berlin, les peuples qui composaient l'UE n'ont pas su dire s'ils voulaient une Europe fédérale ou non. En attendant, faute d'un choix décisif sur sa raison d'être et son destin, l'UE a continué à grossir, grossir, grossir, comme tous les empires de l'histoire en fait, ce qui, presque toujours, les a conduits à leur perte.

Dommage, car de 1945 jusqu'à 1989, l'Union européenne avait fait des merveilles, stabilisant les Balkans, l'Europe de l'Est, et construisant enfin, sur les ruines des deux conflits sanglants de la première moitié du XXe siècle, une Europe de paix. Ensuite… L'UE a manqué d'âme, de souffle. Elle n'est pas parvenue à proposer, ni à faire incarner par des personnalités politiques européennes, un projet collectif auquel la plupart des Européens auraient cru. Elle s'est contentée, à la place, de proposer une Europe économique, une monnaie commune et un marché unique, qui fonctionnent bien, certes, mais qui ne font palpiter le cœur de personne. « On ne tombe pas amoureux d'un taux de croissance » disait un slogan de Mai 68 (et encore moins depuis qu'on sait que cette croissance détruit la planète, nous menant à notre perte…), on ne tombe pas non plus amoureux de la zone euro ou de la Banque centrale européenne !

Mais il y a encore plus grave. La belle mécanique économique et financière s'est grippée. Elle est devenue source de reproches. Dans les années 2000, j'ai commencé à entendre les récriminations des Européens en général et des Français en particulier : « C'est à cause de l'Europe. » La cassure était réelle, et depuis elle n'a fait que s'agrandir. Les responsables politiques, pour la plupart, ont pris le sens du vent. Ils ont fait de l'Union européenne la source de nos maux, et de la Commission de Bruxelles le bouc émissaire idéal.

En France, le rejet de l'Europe a atteint son acmé en 2005, lorsque les Français ont massivement voté « non » au référendum sur le projet de Constitution européenne – 54,67 % des électeurs s'étaient exprimés contre le texte. Le rejet français a rapidement entraîné l'Union européenne dans une crise profonde. Avec le recul, je crois que le « non » au référendum de 2005 matérialise pour la première fois le déplacement électoral vers le vote de protestation des classes dites moyennes, inquiètes de la crise économique qui s'installe et du risque de déclassement social qui en découle. Depuis, j'ai le sentiment que ce basculement n'a fait que se confirmer de scrutin en scrutin, non seulement en France et en Europe, mais aussi de par le monde, qu'il s'agisse de l'élection de Donald Trump, de la montée des courants populistes en Italie, du Brexit ou du mouvement des Gilets jaunes.

Les conséquences du « non » français de 2005 ? C'est l'erreur historique commise par Nicolas Sarkozy, lorsqu'il a pris la décision, en 2007, de faire ratifier le traité de Lisbonne, peu ou prou identique au projet de Constitution, par voie parlementaire. Dans l'esprit de nombreux Français, la trahison a marqué une rupture définitive avec l'Union. Un point de non-retour. Je les comprends, mais je crois pourtant qu'il est urgent de se réconcilier avec l'Europe, afin de redéfinir un projet commun. Je crois surtout que la réinvention de l'UE ne passera que par son réenchantement.

Pour approfondir cette question sans alourdir mon propos, je vous invite à lire une tribune rédigée par des universitaires issus de différents pays de l'Union européenne, parue avant les dernières élections européennes, car je la trouve saisissante de justesse et de profondeur. Cette tribune, intitulée « Il est encore possible de réanimer l'Union européenne », publiée dans la rubrique « Idées » du *Monde* le 24 septembre 2018, dont je vous livre des extraits, est le fruit d'une discussion collective tenue dans le cadre du colloque « Revisiter les solidarités en Europe », qui s'est déroulé les 18 et 19 juin au Collège de France.

Je partage ici totalement les propos des auteurs : « La raison première de la désaffection croissante pour l'Union européenne est le divorce entre les valeurs dont elle se réclame et les politiques qu'elle conduit. Ces valeurs sont celles proclamées par la Charte des droits fondamentaux, selon laquelle “l'Union se fonde sur les valeurs indivisibles et universelles de dignité humaine, de liberté, d'égalité et de solidarité ; elle repose sur le principe de la démocratie et le principe de l'État de droit". Leur trahison concerne au premier chef le principe de démocratie, mais il est aussi évident s'agissant du principe de solidarité[1]. »

Et pour finir ici : « L'UE ne retrouvera son crédit et sa légitimité que dans la mesure où elle s'affirme comme une Europe de la coopération plutôt que de la compétition. Une Europe prenant appui sur la riche diversité de ses langues et de ses cultures, au lieu de s'employer à les araser ou les uniformiser[2]. »

Comment, enfin, discuter dans ces pages du sujet de l'Union européenne sans aborder le dossier du Brexit ? Mes fonctions à la commission des affaires étrangères de l'Assemblée nationale ainsi qu'à l'Assemblée parlementaire de l'OTAN m'ont conduite, ces derniers mois, à m'entretenir souvent avec des analystes d'horizons divers (finances, économie, renseignement, lutte contre le terrorisme, etc.). Beaucoup de ces spécialistes – côté européen – déploraient souvent, à ma grande surprise, que les Britanniques ne soient « qu'un sous-marin des Américains » – « le cheval de Troie des États-Unis en Europe », selon l'expression du général de Gaulle. Ils reprochaient aux Anglo-Saxons d'« être

1. « Il est encore possible de réanimer l'Union européenne », rubrique « Idées » du *Monde*, le 24 septembre 2018, colloque « Revisiter les solidarités en Europe », Collège de France, 18 et 19 juin 2018.

2. Art. cit.

là sans être là », de bloquer énormément de propositions, et, dans le fond, de ne pas vraiment croire au projet européen. « Bon débarras ! » ont dit plusieurs de ces personnes lorsque les résultats du référendum sur le Brexit sont enfin tombés.

Sur plusieurs dossiers sensibles, en matière de renseignement et de lutte contre le terrorisme notamment, les Britanniques étaient un poids mort, soulignaient leurs détracteurs. Ceux-là voyaient dans le Brexit une véritable opportunité : « Nous allons pouvoir constituer notre renseignement, consolider nos propres listes internationales. Aujourd'hui, le Brexit est acté. Ne faut-il pas aller de l'avant ? Ne faut-il pas voir dans ce divorce, plutôt qu'un désastre, l'occasion de réinventer l'Union ? »

Je pense sincèrement que nous avons le devoir et le pouvoir de réformer l'Union européenne. Mais il y a urgence, et pour y parvenir nous devons collaborer efficacement. Je pense, par exemple, à mes homologues du mouvement Cinq Étoiles en Italie, que je côtoie à l'Assemblée parlementaire de l'OTAN. Nos premiers échanges se sont très mal passés… Disons qu'ils étaient jeunes, sûrs d'eux, impertinents – un peu comme nous, les députés La République En Marche, lorsque nous sommes arrivés au pouvoir, en fait… –, et qu'ils n'avaient que trois phrases à la bouche : « Nous avons tout compris, nous savons tout mieux que tout le monde, nous allons révolutionner l'ordre des choses… » Ils m'ont dit des choses très dures sur la France, sur sa place au sein de l'Union européenne (d'autant plus librement qu'à l'OTAN, les propos ne sont pas enregistrés ni retranscrits dans les comptes rendus), mais je ne suis pas restée sans réagir.

Quoi qu'il en soit, lorsque je les ai recroisés quelques mois plus tard, j'ai constaté qu'ils avaient abandonné leur morgue et leurs a priori. D'abord, ils m'ont saluée. Ensuite, ils ont sollicité mon avis. Je crois qu'en définitive, ils commençaient à comprendre qu'il fallait du temps pour changer les choses dans une démocratie. Dans une dictature, vous dites et c'est fait, presque en claquant des doigts. Mais rien ne tient durablement, parce que le régime comme l'ordre social reposent sur la peur. Les députés du mouvement Cinq Étoiles s'étaient rendu compte qu'ils évoluaient dans des régimes démocratiques, où les dirigeants et les représentants du peuple – quand bien même ont-ils été élus – ne peuvent pas tout décider seuls. Il faut discuter, proposer et rassembler. C'est de cette façon que les pays qui composent l'Europe doivent essayer de la réinventer et surtout pas en s'attaquant les uns les autres.

Des cailloux dans la bouche

Je suis née le 20 décembre 1982. Lorsque je fouille dans ma mémoire, le plus lointain souvenir de mon enfance est un traumatisme. J'avais 5 ans et je venais d'entrer à l'école. Je commençais tout juste à parler, à construire des phrases. La petite fille qui partageait mon banc d'écolière s'appelait Hanen – dérivé de Hanane, qui signifie « tendresse » en arabe –, c'était une enfant chétive, timide et discrète. Elle faisait tout pour ne pas se faire remarquer et, si elle avait pu se faire oublier, voire disparaître complètement, sans doute en aurait-elle été la première ravie. Mais à cet âge, les gamins peuvent être cruels, et rien n'échappe à leurs yeux perçants. Les autres élèves avaient fait de Hanen leur tête de Turc parce qu'elle était très pâle, en raison d'une santé fragile. Elle souffrait d'une maladie infantile, je n'ai jamais su laquelle. Au lieu de susciter la compassion, elle était la cible de quolibets. Bien sûr, je ne participais pas à ces épisodes de méchanceté collective, mais j'en étais témoin, donc complice. Je n'élevais ni la voix ni la main pour protéger ma camarade de classe. Je la regardais sans la défendre. J'étais lâche. Ma fragile conscience d'enfant en souffrait déjà, mais passer à l'action était à cette époque au-dessus de mes forces. Et d'ailleurs, je n'aurais su alors ni trop quoi dire ni trop quoi faire… Les jours s'écoulaient, semblables les uns aux autres, dans ce temps qui paraît infini durant l'enfance. Et puis un matin, la maîtresse nous a annoncé que Hanen était morte. Je me souviens comme si c'était hier de la terreur qui m'a saisie. Sa place vide, à côté de moi. Hanen était présente la veille, mais elle n'était plus là. Elle ne viendrait plus jamais à l'école. Puis la terreur a fait place à la honte. Je ne faisais pas partie de ces élèves qui l'avaient harcelée, mais j'appartenais au groupe des autres qui ne lui avaient jamais adressé la parole. Au groupe des autres qui ne l'avaient jamais défendue.

Oui, aussi loin que je fouille dans ma mémoire, le plus lointain souvenir de mon enfance que je débusque est la mort d'une camarade de classe dont j'aurais dû faire une amie. Je n'écris pas ces lignes pour m'accabler. Je sais qu'à l'époque, je n'avais pas la même force de caractère, j'étais pauvre, pas encore instruite. Et qu'aurais-je pu dire, alors que je découvrais la langue ? Je ne sais pas, mais ce dont je me souviens avec précision, c'est que je me suis juré que c'était la dernière fois que je resterais muette devant une injustice. Hanen est morte et je me suis fait ce serment de ne plus jamais me taire. C'est ce jour-là que mon bégaiement a commencé.

Les mots qui trébuchent, s'enchevêtrent. Les phrases qui se dérobent aux cordes vocales. La pensée qui avance, mais la parole qui reste enfouie. Ce bégaiement subit, inopiné, aurait pu devenir mon drame de fillette, d'adolescente et de femme. Mais là où il y a une volonté, il y a un chemin. Et d'autres, il y a bien longtemps, m'avaient montré la voie. Le Grec Démosthène, d'abord dit le Bègue, n'avait-il pas laissé son nom dans l'histoire en devenant simplement l'Orateur, comme on dit « le Poète » pour Homère ? Démosthène, reconnu par le Romain Cicéron comme le premier des orateurs grecs. Selon la légende, Démosthène s'entraîna à parler avec de petits galets dans la bouche, et même en s'exerçant à dominer de la voix le bruit d'une mer furieuse. Démosthène, certains jugeront que la comparaison est prétentieuse au moment d'évoquer mon combat contre mes problèmes d'élocution. Sans doute ! Mais je l'assume. Les références ne sont pas non plus légion. Les bègues passés à la postérité n'envahissent pas les pages des livres d'histoire. Bien sûr, il y a aussi Albert, le deuxième fils du roi George V. Le cinéma a fait un succès, récemment, de la façon dont celui-là a su surmonter ses difficultés d'élocution pour prononcer, en septembre 1939, le discours (d'un roi) radiophonique d'entrée du Royaume-Uni dans la Seconde Guerre mondiale. Enfin – plus contemporain – il y a bien François Bayrou. Mais accoler, même dans les pages de ce livre, Démosthène et François Bayrou peut faire sourire.

Ma diction avait donc décidé de me mettre à l'épreuve, mais je n'entendais pas renoncer au pouvoir des mots. Depuis la nuit des temps, la parole a la faculté de créer le monde. « Que la lumière soit », dit Dieu dans la Genèse, faisant par là même arriver ce qu'il énonce. Cette fonction – la puissance performative du langage – est véritablement fascinante. Lorsque, par exemple, le maire d'une commune scelle le mariage en prononçant la phrase « Je vous déclare mari et femme », il transforme les fiancés en mari et femme par la seule force des mots. L'homme à l'écharpe tricolore modifie la réalité par la parole. Et il en va de même, par exemple, lorsque le président de l'Assemblée nationale ouvre la séance en la déclarant ouverte.

Cette rencontre agitée avec les mots, dans mon enfance, est à l'origine des rapports encore compliqués que j'entretiens avec le langage. J'ai tendance à presser mes interlocuteurs : « Alors, alors ! », j'ai l'habitude d'acquiescer : « effectivement, effectivement », comme pour les encourager à faire bref… et à me rendre cette parole qu'il me tarde d'apprivoiser.

« Tu dois apprendre à écouter », me répète mon professeur d'art oratoire. J'ai en effet décidé de prendre des cours, car je tiens absolument à m'améliorer. Ses conseils me sont précieux. Parler, c'est d'abord écouter, je l'ai désormais compris. Je suis partie avec un handicap, mais je possède aussi des atouts. « Une personne capte l'attention, ou elle ne la capte pas », m'avait expliqué mon professeur dès notre première rencontre. « Toi, tu captes l'attention, mais il faut que tu travailles un peu plus ce que tu dis, avait-il ajouté. Tous les bons orateurs écoutent énormément. » Ce constat, j'ai pu le vérifier par l'expérience. J'ai la chance de siéger à la commission des affaires étrangères de l'Assemblée nationale. Lorsque je m'y trouve, j'ai Jean-Luc Mélenchon à ma droite, Marine Le Pen à ma gauche, ou encore, très proches de moi, Nicolas Dupont-Aignan, Jean Lassalle, Claude Goasguen (l'ancien maire du 16e arrondissement de Paris) et Clémentine Autain. Je me colle souvent à Jean-Luc Mélenchon, car c'est le meilleur orateur de la commission des affaires étrangères, et sans doute de l'Assemblée nationale. Je l'espionne du coin de l'œil et j'analyse son comportement, ses « trucs ». Je me suis rendu compte qu'il écoute beaucoup, et qu'il prend même des notes. Je l'observe griffonner sur sa feuille, combiner des dates avec des mots-clés qu'il entoure, puis relier dates et mots-clés d'un trait de stylo. Le leader de La France insoumise trace l'itinéraire de son raisonnement, l'ordre de ses arguments. Le fil de son raisonnement en quelque sorte. Ça y est, il parle ! Tout a l'air si fluide, sa pensée trottine, alerte comme l'aiguille des secondes, et chacun oublie que cette aisance qui semble si naturelle est le résultat d'une mécanique d'horlogerie fine. Je n'en suis pas là – lorsque je suis fatiguée, stressée, il arrive encore que ma langue fourche, que les mots butent à nouveau dans ma bouche –, mais je veux faire de mon expression orale un point fort.

Rhaiem et Fouzia

Je suis l'aînée d'une famille de cinq enfants. J'ai quatre petites sœurs. Je suis venue au monde en 1982, suivie par une première sœur en 1984, une deuxième en 1986, une troisième en 1991, et enfin une dernière, la quatrième, en 1996. Cinq enfants… Cinq filles ! Ma mère a dû faire contre mauvaise fortune bon cœur, car durant chaque grossesse, elle a rêvé d'accoucher d'un garçon. « Lorsqu'une famille souhaite mettre au monde un garçon, c'est parce qu'elle a un héritage à transmettre, mais chez les Krimi, nous ne possédons rien », lui rétorquais-je, adolescente. Bref, pour nous, ça n'a pas d'importance. Restait l'inconvénient de la non-transmission du patronyme… Arrivée en France, jeune femme, je trouvais un nouvel argument qui me ravissait : « En plus, ici, une femme peut donner son nom de famille à sa fille ! »

J'appartiens à une famille très soudée. Tout est pourtant question de point de vue. Par rapport à la famille française type – si elle existe ! –, je suis très proche de mes parents et de mes sœurs. Mais sans doute pas assez par rapport aux standards tunisiens qui imposent par exemple de s'attabler chaque soir tous ensemble pour le dîner. Ils font grand cas de l'éducation des enfants. Dans ma famille, pourtant, si mes parents s'occupaient de leurs rejetons du mieux qu'ils pouvaient, ils n'avaient pas mis en place de stratégie d'éducation précise. Nous n'étions pas « programmées ». La seule chose que mes parents m'aient offerte – et j'ai pris conscience plus tard qu'il n'existait pas de plus beau cadeau – c'est une pleine liberté. Ils m'ont laissée faire ce que je voulais. Par chance, j'étais une élève appliquée, passionnée par ce qu'elle apprenait, et ma famille a valorisé cette disposition.

Rhaiem, mon père, et Fouzia, ma mère, n'ont pourtant pas fait beaucoup d'études. Mon père a longtemps travaillé comme magasinier chez Peugeot, à Tunis. Un emploi de cariste dans un magasin de stockage de pièces de rechange neuves pour voiture. Ma mère, elle, était femme au foyer, mais avec un pied à l'extérieur de la maison car elle avait en parallèle une petite activité de commerçante qui consistait à acheter tout un tas de produits pour les revendre ensuite. Sa débrouillardise mettait un peu de beurre dans les épinards, mais nous manquions de tout à la maison. La seule richesse chez nous, c'était la générosité et, donc, la liberté que nos parents nous laissaient. Notre mère nous répétait toujours que la vraie indépendance d'une femme, c'était de pouvoir payer son hammam. Mon père, de son côté, est l'homme le plus gentil, mais, hélas, aussi le plus naïf du monde. Il a la fâcheuse tendance de croire tout ce qu'on lui raconte, un peu comme un enfant. Le problème, c'est que certains peuvent abuser de cette confiance. Ou auraient pu, pour être précise. Car heureusement, ma mère veille au grain. Fouzia est tout le contraire de son mari. Une femme forte – autoritaire, diraient certains – qui sait très bien ce qu'elle veut. Elle n'a pas eu la chance de faire des études qui lui auraient immanquablement ouvert la porte de postes de direction. Ma mère dispose surtout d'un sixième sens pour comprendre les gens, s'attirer leurs bonnes grâces. Mon père et ma mère, c'est une grande et belle histoire d'amour. Ils vivent toujours ensemble aujourd'hui. Bien sûr, il y a eu des orages, je n'écris pas ces lignes pour faire croire à un conte de fées. Mon père est un rêveur, plein de bonnes intentions, capable de promettre beaucoup… et de décevoir à la hauteur des espoirs suscités. Ce trait de caractère a fait beaucoup de mal à son épouse ainsi qu'à ses filles, moi compris. À 37 ans aujourd'hui, une part de moi attend toujours le vélo et l'ordinateur que mon père m'avait fait miroiter si j'obtenais de bonnes notes. À cause de lui, je ne sais d'ailleurs toujours pas faire de vélo ! « Si tu es première de ta classe, tu auras une bicyclette », répétait-il. Et tous les ans, cette promesse – et cette bicyclette – est venue illuminer l'horizon de mon année scolaire. Ni la bicyclette, ni l'ordinateur, ni la moindre de ces promesses de mon enfance ne se sont jamais matérialisés. Le bon côté des choses, c'est que cela m'a poussée à devenir excellente à l'école. Mais derrière chaque promesse, j'ai appris à débusquer l'entourloupe, le mensonge. Aujourd'hui, je suis capable de lui expliquer sans intention de le culpabiliser : « Papa, il faut avoir les moyens de ta politique, sinon, il ne faut pas mentir aux enfants. » La vérité, c'est que je ne lui en veux pas, car ma conviction, c'est qu'on ne devient jamais adulte si l'on ne pardonne pas à ses parents. J'ai des amies qui, âgées de 55 ans, continuent d'adresser des reproches à leur mère. Et souffrent encore d'une relation où elles n'ont pas évacué les traumatismes de l'enfance. Moi, je crois que tout comme il faut savoir couper le cordon, il faut savoir briser les chaînes des boulets que l'on traîne aux pieds.

Dans ce livre, j'évoque les fausses promesses qui m'ont fait souffrir enfant, mais sans amertume. Mon père a fait ce qu'il a pu. Je retiens surtout qu'il m'a aimée, nourrie, et qu'il a assuré ma scolarité jusqu'à ce que je sois indépendante financièrement. J'ai très vite aimé l'école, et j'aime encore éperdument les études. J'adore me perdre dans une matière. Dès l'âge de 13 ou 14 ans, j'avais fini tous les manuels de l'année scolaire en cours en décembre. Étudier, c'est découvrir, s'enrichir, s'ouvrir sur le monde. Très jeune déjà, j'y ai surtout vu la promesse d'une vie meilleure. J'ai compris que si je n'étais pas bonne à l'école, je ne serais bonne nulle part. Pourquoi l'ai-je intégré si tôt, contrairement à d'autres enfants de mon âge ? Je ne sais pas… Peut-être parce que j'étais invitée chez des copines d'école, dans des maisons de familles très riches, dont les parents souhaitaient que j'étudie avec leurs enfants. J'étais parfaitement consciente que ces personnes-là ne me recevaient pas pour le prestige social de m'accueillir dans leurs murs – je n'étais pas « fille de », vous l'avez compris – mais parce que j'étais la première de la classe. J'inscrivais mon nom au tableau d'honneur dans toutes les matières, non pas grâce au génie de mes neurones, mais à la force du poignet. Je l'ai dit, je le répète : je ne crois pas à l'intelligence, je crois au travail. Je pense, comme Jacques Brel – le saint patron des cœurs ardents – que « le talent, c'est d'avoir envie ». La petite fille aux habits fripés que j'étais déboulait donc dans les vastes appartements et les villas somptueuses – en Tunisie, les gens aisés adorent le marbre – des riches habitants de la capitale ; elle se délectait de ces intérieurs d'opulence. Quel émerveillement, pour moi qui n'avais même pas de chambre ! Les pères de ces camarades de classe étaient avocats, banquiers, directeurs d'entreprise… Je les côtoyais d'autant plus que l'école tunisienne, gratuite et obligatoire, a mis la mixité au cœur de ses missions. Durant mes années d'enfance, il n'existait pas d'écoles privées en Tunisie. La norme, c'était l'école publique, et l'uniforme. Grâce à lui, je ne me sentais pas différente.

Je me souviens notamment de l'une de mes camarades de l'époque, Nadia Ahmed, une Russo-Tunisienne qui possédait tout ce que je n'avais pas et dont je rêvais : un téléphone à domicile, un interminable piano à queue sur lequel elle apprenait la musique et le solfège. Nadia pratiquait la danse classique et rendait visite, chaque été, à sa famille en Russie. C'était une enfant de grande taille, particulièrement gracieuse, au regard clair et aux cheveux blonds soyeux, que je contemplais avec des yeux ébahis. Je dévisageais Nadia en pensant : « Qu'elle est belle… » Cruel, mon reflet dans le miroir ne me renvoyait que l'image de mes cheveux noirs comme du jais et épais comme du crin. Pour ne rien gâcher, j'arborais une coupe garçon ! En fait, si je ne la lisse pas, ma chevelure boucle et s'entortille. Mais les cheveux longs et bouclés demandent de l'entretien. Alors, quand j'étais petite, ma mère m'emmenait chez un coiffeur d'homme à qui elle donnait une consigne basique : « Tu coupes. » Dans une famille modeste, une tignasse, c'est d'abord le risque d'attraper des poux, et ma mère n'avait pas envie de gérer ça. Avec la coupe de garçon, les cheveux restent toujours propres et les parasites sont tenus à distance. Du coup, dès qu'une Krimi quitte le cocon familial, elle laisse pousser sa crinière. Les cheveux longs, c'est un signe d'indépendance chez nous.

Je n'étais pas envieuse, ni de Nadia ni des autres. J'étais heureuse pour elles, ce qui ne m'empêchait pas de m'interroger : « Comment est-ce que moi aussi je peux avoir ça ? » L'école m'est apparue comme la meilleure solution. J'ai continué de travailler d'arrache-pied, et mon cahier est vite devenu le plus demandé pour en faire des photocopies, parce que j'avais une écriture appliquée. J'étais très satisfaite, je réussissais quelque chose. Et mieux : je me suis vite rendu compte que je rendais aussi mes parents très fiers de moi.

J'étais première de la classe, mais loin d'être la « star » de la récré. Comme j'étais bègue, j'étais très timide, j'évitais de me mettre en avant, de lever le doigt pour répondre à une question ou prendre la parole en classe… D'ailleurs, chaque jour, lors de l'appel, lorsque la maîtresse appelait mon nom – « Krimi ? » – je restais littéralement collée à mon siège, paralysée et muette. Tour à tour rouge, écarlate, puis cramoisie, parvenant enfin à balbutier : « Pré… Prrééé… Pprrrééé… Prrrésente ! » Hélas, souvent la maîtresse n'entendait même pas le filet de voix qui avait péniblement franchi mes lèvres. Elle se redressait en scrutant la classe du regard : « Sonia, elle n'est pas là ? – Si, elle est à sa place. » Un camarade finissait toujours par répondre, mettant fin à mon supplice.

« Dieu va te suspendre par les cils »

Quand je lis *L'Arabe du futur*, la bande dessinée de Riad Sattouf, qui relate son enfance au Moyen-Orient, je ris beaucoup, car je retrouve beaucoup d'éléments de ma propre enfance ! Son père, par exemple, professeur d'université fasciné par le panarabisme, n'est pas vraiment un modèle dans ses principes d'éducation. Comme lui, mes parents pouvaient avoir recours à des stratagèmes que beaucoup aujourd'hui réprouveraient. Ma mère et mon père, les soirs où il m'arrivait de flancher, me menaçaient : « Si tu ne fais pas tes devoirs, tu vas aller en enfer, et Dieu, il va te suspendre par les cils ! » Dans ma tête d'enfant, je composais immédiatement une image mentale. Je me représentais Dieu et moi au bout, suspendue par les cils, les paupières en extension. Aussitôt je m'affolais : « Mais avec mon poids, ça ne tiendra jamais ! » Une torture abominable, l'enfer, véritablement ! Au fond, une petite voix me murmurait quand même : « Mes parents ne croient pas à ce qu'ils sont en train de me raconter… »

De *L'Arabe du futur*[1] de Riad Sattouf, je retiens aussi les sévices infligés aux enfants à l'école. J'ai connu cette forme de violence légale qui s'exerçait dans le cadre scolaire. Les enseignants, pour punir les mauvais élèves, frappaient violemment sur les paumes de leurs mains avec une règle. Les plus sadiques obligeaient même les gamins, préalablement, à plonger leurs bras dans l'eau froide qui servait à éponger le tableau noir. Une fois la main rougie et gonflée sous l'effet du froid, ils pouvaient abattre de toutes leurs forces la règle en fer sur la paume enfantine. Le froid n'anesthésiait pas la douleur, au contraire, il la décuplait.

La plupart du temps – c'est l'apanage des premiers de la classe – je n'ai été que spectatrice de ces sévices. Une fois, pourtant, j'ai tenu le rôle de l'élève martyrisée. Je m'en souviens d'ailleurs très bien. En serrant le poing, j'éprouve encore dans ma chair la douleur de la punition. Qu'est-ce qui m'avait valu les foudres de la maîtresse ? L'exercice de l'autodictée, dont j'avais mal compris le principe. Le texte – je ne saurais l'oublier – était intitulé « Ali va à l'école ». Je pensais qu'il s'agissait de l'apprendre par cœur, puis de le réciter à voix haute, comme pour une poésie. Ce texte, j'étais donc capable de le déclamer, mais bien en peine de l'écrire, *in extenso*, sans fautes d'orthographe. Lorsqu'elle s'en est aperçue, la maîtresse elle-même a paru

1. Riad Sattouf, *L'Arabe du futur*, t. 2, Paris, Allary éditions, 2019.

prise au dépourvu, car j'étais d'ordinaire la plus studieuse de la classe. Mais l'enseignante a vite retrouvé ses réflexes « pédagogiques », et la sentence est tombée : seau d'eau froide, paumes ouvertes, règle en fer. Bien sûr il y a eu la douleur physique, mais c'est mon orgueil qui a le plus souffert. Quelques semaines plus tard, j'ai décroché la meilleure note lors d'un devoir en classe. En me rendant la copie, mon bourreau avait troqué ses sévices contre des compliments formulés à haute voix : « Sonia, qu'est-ce que fait ta maman ? » L'interrogation n'était que rhétorique, elle n'appelait pas de réponse. « Voilà des femmes qui s'occupent de leurs enfants », a-t-elle simplement ajouté. J'étais fière, car les autres élèves étaient de familles bien plus favorisées. Je me souviens encore du frisson de satisfaction qui m'a parcourue et je crois qu'il me résume en partie : une petite fille, puis une adolescente plus stendhalienne que balzacienne, dans la mesure où je voulais plus parvenir à m'élever socialement que m'affirmer en regard de mes modestes origines.

« Dieu va te suspendre par les cils ! » Ce sont mes parents qui auraient (parfois) mérité de l'être. À 11 ans, l'année où je passais l'examen qui sanctionne la fin des études primaires, ils m'ont joué un tour pendable, en effet. J'avais beaucoup révisé, je m'étais replongée dans le programme scolaire, laissant à ma mère et à mon père le soin de surveiller le calendrier des épreuves. Pourtant, le jour de l'épreuve de mathématiques, ils m'ont laissée partir sans me préciser la matière qui m'attendait. Catastrophe : je me suis présentée au devoir de géométrie sans aucun matériel. J'ai regardé, interdite puis presque épouvantée, les autres élèves extirper un compas de leur trousse, un rapporteur de leur cartable, tandis que moi tout me manquait…

Mais pas question de m'effondrer. J'ai pris mes jambes à mon cou et j'ai foncé jusqu'à la maison. Ma mère a compris dans la seconde ; comme je ne possédais pas de compas, elle s'est précipitée chez les voisins et leur a demandé de l'aide. L'un d'eux m'a pris par la main et nous avons bondi dans la librairie la plus proche, où mon sauveur m'a offert le précieux instrument qui me faisait défaut. Puis j'ai couru en sens inverse, sans m'arrêter. J'ai franchi le portail de l'école dégoulinante, couverte de sueur comme une bête de somme. Hors d'haleine, tremblante, j'ai heureusement pu participer aux épreuves. Et je suis la seule, dans tout mon quartier, à avoir réussi l'examen. Mes cils n'avaient pas de souci à se faire, ce n'était pas demain la veille que Dieu me les arracherait !

L'exemple
La seule façon de convaincre

Lorsque mes parents se rencontrent, Fouzia, ma mère, n'a pas encore 16 ans. Rhaiem, mon père, a 26 ans. Ils ont brûlé d'un amour puissant mais ne se sont mariés que huit ans plus tard. Ma mère m'a alors donné naissance, à l'âge de 24 ans.

Ma mère aime mon père éperdument, ce qui ne veut pas dire qu'elle n'a eu aucune désillusion. La vérité – celle de l'amour passé au tamis du temps –, c'est que continuer à croire en un homme qui rêve beaucoup mais reste les bras croisés la plupart du temps n'est pas chose aisée. Rhaiem avait promis monts et merveilles à Fouzia. Il lui avait fait miroiter des arpents de terre luxuriants dans les environs de Tunis ; en réalité un lopin tout juste bon pour faire surgir, à grand-peine, quelques patates. Le terrain en question ne valait rien. Et le prince charmant du conte de fées aurait très vite pu se retransformer en vilain crapaud, si ma mère avait été du genre à tourner les talons à la première difficulté. Mais elle a ravalé sa fierté, et s'est mise en peine de construire elle-même le rêve qu'on lui avait vendu. L'impression de dénuement – du moins, celle d'une vie spartiate – semblait d'autant plus grande que ma mère est issue d'une famille aisée. Elle a vécu une enfance et une jeunesse dorées, dans une propriété avec des chevaux, où elle était entourée de domestiques.

Mon grand-père maternel a très vite décidé de soutenir sa fille du mieux qu'il le pouvait. Et ma mère, de fait, avait besoin d'un soutien aussi bien matériel que psychologique, car mon père ne s'est pas arrêté là en matière d'erreurs. Conscient d'avoir déçu, il s'est mis à boire, puis à dépenser tout son argent dans la boisson. Une bouteille après l'autre, l'engrenage aurait pu conduire à la banqueroute, et à pire… Fouzia a vu rouge, elle l'a mis à la porte. La mesure a eu l'effet d'un vaccin contre l'alcool : mon père n'en a plus avalé une goutte. À la maison, c'était madame qui tenait les rênes. Ma mère vient d'une branche favorisée socialement, qui compte des avocats, des médecins, des ambassadeurs, et de la famille aux États-Unis – même si les valeurs de ma mère se sont légèrement transformées au contact de mon père, issu d'une famille de culture ouvrière, le décalage était toujours présent.

Mes parents s'aiment, mais j'ai vite senti, dès l'enfance, que ma famille était composée d'ingrédients différents et complexes. L'huile et le vinaigre : capables non seulement de se mélanger pour le meilleur, mais aussi de se dissocier pour revenir à leur nature profonde. Les goûts simples, les valeurs ouvrières du côté de mon père ; l'exigence, les aspirations bourgeoises, intellectuelles et culturelles du côté de ma mère, dont bien des cousins ressemblaient à ces aristocrates français – certains établis, privilégiés, prescripteurs dans leurs mœurs, mais pour la plupart désargentés –, à qui ne reste... qu'une certaine idée du prestige. Moi, j'essayais de trouver ma place, tiraillée entre les deux extrémités du grand écart social accompli par ma famille.

J'aime énormément mes parents et nous sommes restés très proches. L'amour filial est un sentiment puissant et une boussole de mon existence. « Tout peut s'en aller à vau-l'eau dans ce monde, sauf l'amour. L'amour ne peut pas faiblir. S'il trébuche en chemin et s'effondre comme un chiffre, c'est que ce n'était pas de l'amour[1] », déclame Martin Eden, et je fais mienne cette citation du héros éponyme du roman de Jack London. Mais devenir adulte, c'est aussi voir les limites, les failles et les faiblesses de ceux qui vous ont fait grandir. Je regarde mon père et ma mère avancer en âge, se recroqueviller – dans tous les sens du terme –, et cela me pousse parfois à la mélancolie... J'ai eu la chance de suivre des études, d'avoir un

1. Jack London, *Martin Eden*, 10/18, Paris, 1997.

métier stimulant intellectuellement et valorisé socialement, de devenir une élue de la République, de faire des voyages et des rencontres qui m'ont donné une vision du monde qu'ils n'ont pas. J'ai parcouru beaucoup de chemin depuis que j'ai quitté le foyer familial, mais je n'envisage pas d'y revenir en « madame Je-sais-tout ». Depuis longtemps, j'ai pris le parti de ne pas essayer d'expliquer les choses à mes parents, ni de leur faire la leçon. Ils n'ont pas connu, ils ne connaissent pas la vie que j'ai connue. Mais je me dois, sans les brusquer, de les mettre en mouvement. Alors quand je me rends à Tunis, j'attrape mon père et ma mère par le bras et je leur fais découvrir des endroits où ils n'auraient jamais mis les pieds : des librairies, des grands restaurants, de beaux hôtels. Cela ne les fait pas rêver en fait, et je trouve ça presque rassurant. Mais ils apprécient la balade ou l'expérience, et ils appréhendent ainsi le monde d'une façon plus étendue.

Ma mère, déjà, s'est beaucoup ouverte. Pour elle, pénétrer dans un café, c'était l'horreur absolue. Je l'entends encore pester contre une de mes sœurs qui s'était risquée à braver l'interdit : « Tu es allée dans un café ! Mais c'est un lieu de perdition… » Durant mon enfance, il n'y avait pas à en débattre. *Dura lex, sed lex*[1], même chose pour l'autorité parentale. Mais main-

1. Traduction du latin : « La loi est dure mais c'est la loi ».

tenant que je suis adulte, je peux emmener ma mère dans un café. Le plus dur a été de lui faire accepter l'idée de franchir la porte, car une fois à l'intérieur, elle s'est rendu compte que le bistrot en question était rempli… de gens normaux. Les clients s'installent, ils consomment, bavardent ; personne ne saute sur les filles pour leur arracher leur vertu. Elle a donc changé d'avis sur les cafés. Je retiens de l'expérience que pour convaincre, il faut donner de soi. J'entends par là en s'impliquant, ou en montrant l'exemple. Combien de parents déplorent que leurs enfants ne lisent jamais… Mais posez-leur la question : « Et vous, quand pour la dernière fois avez-vous ouvert un livre devant eux ? Quand, pour la dernière fois, vous enfants vous ont-ils vus lire ? » Je m'entends encore dire à mes sœurs : « Arrêtez de faire la leçon à maman, de lui expliquer ce qui est bien ou mal. Prenez-la par la main et sortez-la, dans un café ou ailleurs. Pour qu'elle voie autre chose, qu'elle s'aère l'esprit. Tant qu'elle reste chez elle avec son mari, sa vie, ses soucis, elle ne peut pas comprendre… »

Je fanfaronne, mais je n'ai pas toujours été une référence en matière d'amour filial. Adolescente, j'en ai même beaucoup voulu à mes parents. Je leur adressais, parfois à voix basse, et parfois à voix haute, de nombreux reproches : ils n'étaient pas assez disponibles, pas assez cultivés, pas assez riches ! Erreur de jeunesse, dirons-nous. Car la différence, par rapport à beaucoup de mes amies encore aujourd'hui, c'est que je n'en veux plus à mes parents. Un déclic s'est produit dans ma vie à l'âge de 27 ans. Cet été-là, j'ai commencé à voyager avec la Ligue arabe, et j'ai continué par la suite. J'ai visité différents pays et j'ai pu constater qu'il y avait des gens plus pauvres que moi, avec une vie encore plus dure que la mienne. J'ai pris conscience que si je voulais être adulte, je devais arrêter de pleurnicher et me prendre en main. J'ai commencé à lire des ouvrages de philosophie, cela me paraissait un meilleur investissement que les livres de développement personnel, qui donnent des conseils douteux, mais remportent un succès grandissant. Je me suis aussi mise à faire beaucoup de sport.

Cet été-là, je suis également tombée amoureuse d'un garçon, un Jordanien. Je l'avais rencontré à la Ligue arabe, c'était un des assistants du secrétaire général. Nous avons vécu une histoire de plusieurs années, mais lorsqu'il a été nommé par Ban Ki-moon pour une mission auprès de la jeunesse dans le monde, étrangement, il n'était… plus amoureux de moi ! Ses sentiments, pourtant, n'avaient jamais varié à l'époque où, avec mes maigres finances, j'avais pris en charge ses études. Cette mésaventure m'a fait du mal et rendue méfiante dans mes relations amoureuses.

L'école, socle de notre démocratie

On ne construit rien de solide sur du sable et l'école est la pierre sur laquelle est posée notre démocratie. La clé de voûte de notre République. Il y a bien sûr la citation – tarte à la crème mais tellement puissante – qu'on attribue à tort à Victor Hugo car elle est en réalité du journaliste Louis-Charles Jourdan, rédacteur au *Siècle* : « Ouvrir une école aujourd'hui, c'est fermer une prison dans vingt ans. » En voici une autre, beaucoup moins célèbre, mais que j'apprécie énormément, sur les missions de l'école : « Dans l'enseignement qu'on distribuera aux jeunes citoyens, s'interdire toute pensée confessionnelle ou philosophique, former les esprits sans les conformer, les enrichir sans les endoctriner, les armer sans les enrôler, leur communiquer une force dont ils puissent faire leur force, les séduire au vrai pour les amener à leur propre vérité, leur donner le meilleur de soi sans attendre ce salaire qu'est la ressemblance : qui ne voit la difficulté de suivre à la rigueur un tel programme, mais en est-il un autre pour satisfaire une conscience ombrageuse quant au respect des âmes ? » L'écrivain français Jean Rostand, par ailleurs biologiste et historien des sciences, est l'auteur de cette analyse profonde et exigeante qu'il a livrée dans son discours de réception à l'Académie française, le 12 novembre 1959.

Je suis foncièrement attachée à l'école française, parce que son but est formidable. L'institution phare de la République s'est donné pour mission de former des citoyens, de leur apprendre à lire et à écrire, bien sûr, mais surtout de les rendre capables et libres de réfléchir par eux-mêmes, d'émettre et de défendre une opinion, et – le cas échéant – de critiquer le même système qui leur a offert cette autonomie. L'ambition est fondamentalement noble et diffère radicalement du projet de l'école britannique par exemple, qui consiste à former un sujet obéissant, futur administrateur aussi efficace que possible, du Commonwealth.

Je voudrais profiter du thème de ce chapitre pour rendre hommage à l'école tunisienne. L'histoire, la géographie, la philosophie, les mathématiques, la physique, la chimie, la biologie, ne servent à rien si les élèves n'ont pas appris, à la fin de l'année, à mieux réfléchir. Attablée à mon pupitre d'écolière à Tunis, puis au collège et au lycée, j'ai accumulé beaucoup de connaissances (j'en ai dilapidé une grande partie aussi !), mais j'ai surtout terminé mes études en ayant acquis une capacité d'analyse critique. Vous connaissez le dicton : « Mieux vaut une tête bien faite qu'une tête bien pleine. »

J'aime l'école et, cela va de pair, je suis amoureuse des livres. J'aime la porte qu'ils ouvrent sur le savoir. Tant de choses sont là, enfermées dans leurs pages, à portée de main. De même, je me félicite qu'à l'ère du numérique, les ouvrages imprimés ne soient pas une espèce en voie de disparition, l'objet-livre résiste. Aujourd'hui, les élèves ont accès à de nouveaux supports – smartphones, tablettes, liseuses – où la connaissance est stockée ; pourtant, la plupart des lecteurs, y compris les plus jeunes, ne renoncent pas à la relation charnelle avec le papier. La plupart des lecteurs ne s'en privent pas, devrais-je plutôt dire, car quelle erreur de préférer l'intermédiation froide d'un écran ! Je ne suis pas contre la tablette par principe – il faut savoir vivre avec son temps – et je tiens moi-même beaucoup à mon smartphone, mais je pense que l'usage de ces appareils doit être raisonné dès lors qu'il s'agit des enfants. Au passage, je note que Steve Jobs, fondateur et ancien P.-D.G. d'Apple, comme Bill Gates, fondateur et ancien P.-D.G. de Microsoft, n'ont pas mis de tablette entre les mains de leur progéniture avant l'âge de 12 ans. D'autres patrons des GAFA suivent le même exemple en contrôlant le temps passé sur les écrans par leurs enfants.

L'école est indispensable. L'école est l'alpha et l'oméga de notre République. Elle en est à la fois son socle, son esprit et son projet. Hélas, l'école française souffre. Elle manque de professeurs, elle manque de moyens. Pourtant, il y a des mesures non coûteuses, qui pourraient relustrer le poil de ce « mammouth » indispensable de la République. Je me souviens de mon enfance en Tunisie. Tous les matins, nous participions à la cérémonie du lever de drapeau puis nous chantions à haute voix l'hymne national tunisien. *La Marseillaise* quotidiennement, dans les écoles, les collèges et les lycées français ? Je crois que ça ne serait pas si mal… Et je suis certaine qu'on peut formuler pareil vœu sans être suspectée d'être une affreuse nationaliste. L'amour de la patrie ne fait pas le lit du nationalisme. Comme il faut s'aimer soi-même pour pouvoir aimer les autres, il faut aimer son pays pour mieux s'ouvrir aux autres cultures et dialoguer avec elles.

Je réhabilite *La Marseillaise* dans les écoles, je réhabilite aussi le lever du drapeau dans les cours d'école ; je n'y vois pas d'inconvénients. De toute façon, je n'accepte pas l'idée d'abandonner notre drapeau à Marine Le Pen, qui l'a pour ainsi dire confisqué. Dans mon souvenir, le rituel matinal du chant de l'hymne national n'avait rien d'une cérémonie martiale aux abominables relents totalitaires, mais c'était un moment joyeux ponctué de fous rires comme les enfants en ont le secret. Je crois que pareil protocole est également responsabilisant : celui qui a la charge de hisser les couleurs nationales en haut du mât se prépare la veille. Le matin, il s'habille bien, se concentre, s'applique.

Chanter l'hymne, hisser le drapeau : il ne s'agit pas d'exacerber le sentiment national et de partir ensuite, sabre au clair, faire la guerre à nos voisins. L'amour de la patrie n'est pas contraire à l'universalité que la France porte en elle. Au contraire, je crois que le génie français s'en nourrit. Chanter l'hymne et hisser le drapeau, cette liturgie laïque renforcerait le sentiment d'appartenir à une communauté nationale, elle raviverait le plaisir de partager un destin commun. Parmi les valeurs sur lesquelles est fondée notre République et qui sont inscrites au frontispice de nos établissements scolaires et en en-tête des textes officiels, je pense même que c'est celle de fraternité que les écoliers, collégiens et lycéens s'approprieraient ainsi.

J'y vois donc un moyen – parmi d'autres – pour emmener tout le monde dans cette grande communauté qui s'appelle la France. Et j'ajouterais aussi… l'uniforme ! De mon enfance en Tunisie, je retiens qu'il couvre la misère, qu'il protège, qu'il transforme en écoliers, de la même façon, les enfants des familles modestes et ceux des familles aisées. Il n'y a plus de pauvres, de riches, seulement des gamins en uniforme ; l'homogénéité vestimentaire concrétisant ainsi une autre valeur du sacro-saint triptyque que j'évoquais : l'égalité. Bien sûr, certains objecteront que cette égalité n'est que de façade, et que derrière l'uniforme, les gamins débusquent très bien Untel ou Untel, fils de notaire, médecin, ambassadeur et de madame… Mais moi, je me souviens de mes tee-shirts dont le tissu s'effilochait, et que j'étais ravie de pouvoir dissimuler sous mon uniforme. Ma tenue imposée faisait de moi une élève parmi d'autres, et pas Sonia avec ses tee-shirts bons à jeter… L'uniforme aide aussi à appartenir au groupe, ce qui est précieux, surtout durant l'enfance et l'adolescence où les jeunes âmes sont particulièrement grégaires.

L'exil chez mon oncle et ma tante

J'ai longtemps été une petite fille appliquée puis une élève modèle. Une enfant docile et calme. Et… l'adolescence est arrivée, qui porte en elle la révolte comme la nuée porte l'orage. Elle m'est tombée dessus sans prévenir, avec son tourbillon d'émotions, et ses réactions épidermiques à l'autorité parentale. À 13 ans, à la fin de mes années de collège, j'étais devenue une vraie rebelle. Les disputes quotidiennes avec ma mère rythmaient les journées, tandis qu'à l'école mes notes avaient chuté. J'atteignais péniblement la moyenne comme un nageur qui se noie tente de conserver la tête hors de l'eau, mais je risquais de redoubler.

Mes parents semblaient démunis. Je leur paraissais intenable, ce qui était bel et bien le cas. Alors, ils ont pris la décision de m'envoyer chez mon oncle et ma tante, à la campagne. La Tunisoise que j'étais arriva dans les environs du Kef, une ville de taille moyenne à 175 kilomètres à l'ouest de Tunis, à une quarantaine de kilomètres de la frontière algérienne. J'ai trouvé la transition brutale. J'ai débarqué là-bas avec mon accent de la capitale et, dès que j'ouvrais la bouche, tout le monde me dévisageait comme si je m'exprimais dans une langue étrangère. Surtout – la France n'a pas le monopole des cancans dans les campagnes où les habitants s'ennuient… – les braves gens du pays s'interrogeaient – et discutaient de leurs hypothèses – sur les raisons de mon arrivée subite. Le bruit qui courait, et qui m'a beaucoup fait souffrir, c'est que j'avais trouvé refuge chez mon oncle et ma tante après le divorce de mes parents.

Ma tante Bahia, l'une des petites sœurs de ma mère, m'a hébergée pendant deux ans. Bahia travaillait comme surveillante dans un lycée. C'était une femme très instruite, mariée à un professeur d'arabe littéraire. Chokri, mon oncle, s'intéressait beaucoup aux lettres, évidemment, et aussi à la philosophie. Bahia et Chokri ont joué un rôle déterminant dans la construction de mon identité et dans l'affirmation de ma personnalité. Aujourd'hui encore, ils sont un des rares couples que j'appelle au téléphone, en Tunisie ; ensemble, nous passons du temps à parler de politique française. Lorsque je suis arrivée dans leur foyer, ils avaient déjà eu un enfant, et j'ai moi-même changé les couches du deuxième, puis du troisième. Chez eux, j'ai découvert un confort de vie que je ne connaissais pas, je suis passé d'une famille modeste à une famille plutôt privilégiée.

Ma tante était redoutable et, ayant sans doute reçu des instructions de ma mère, elle me surveillait de près. Car le retour de la « bonne élève » ne s'est pas fait d'un claquement de doigts. À basse fréquence, je continuais ma crise d'ado. Je m'intéressais beaucoup moins aux études qu'auparavant et, surtout, j'aspirais à sortir, à fuir la maison, comme si la vie, la vraie, s'était échappée des livres où elle m'avait longtemps appelée, pour m'attirer désormais vers l'extérieur. La ville, ses lumières, les premiers émois amoureux… Au Kef, j'avais beaucoup d'amis, et un petit copain. Alors, parmi toutes les bêtises que j'ai pu faire, j'ai aussi appris à mentir pour préserver une partie de ma liberté.

Derrière cette rébellion contre mes parents qui m'avait valu cet ostracisme, il y avait aussi, je crois, le désir souterrain – inconscient alors, mais très puissant – d'échapper à la vie qui risquait de s'imposer à moi et dont je ne voulais pas. Chez mes parents, dès que j'ai eu une dizaine d'années, j'ai vu les responsabilités s'accrocher progressivement à moi, le poids des tâches domestiques s'accumuler sur mes épaules et entraver mes rêves d'enfant. Personne n'exigeait rien de moi, les choses étaient beaucoup plus insidieuses. Mais je me sentais femme, et devenue femme, j'estimais que je devais « faire ». Nettoyer la maison, ranger, m'occuper de mes petites sœurs, changer leurs couches, toutes ces choses-là qui accaparent rapidement une personne. Et j'avais d'autant plus de responsabilités que ma mère ne s'en occupait pas vraiment… En me rebellant, j'ai organisé mon « exfiltration » vers un ailleurs qui m'ouvrait un champ infini de possibles, ce dont j'avais justement besoin.

Chez mon oncle et ma tante, j'ai retrouvé un cadre strict avec des horaires, des règles à respecter. Dans leur maison, j'avais surtout une chambre à moi, ainsi qu'un bureau pour faire mes devoirs. Oui, une chambre à moi, à moi toute seule, c'était extraordinaire ! Dans la maison de mes parents, avec mes sœurs, nous n'avions même pas de chambre commune ; il n'y avait qu'une seule chambre, celle de mes parents, alors leurs quatre enfants dormaient dans le salon. Par ailleurs, alors que ma mère ne s'était jamais occupée de notre petit déjeuner – je ne me rappelle aucun lever où j'ai trouvé de quoi boire ou manger, et même, dès 6 ou 7 ans je me débrouillais sans rien demander à personne, qu'il s'agisse de me faire un œuf avec un morceau de pain ou de réchauffer des restes –, j'avais désormais un petit déjeuner qui m'attendait dans la cuisine tous les matins quand je me réveillais. Ce n'était pas aussi complet que le petit déjeuner à la française dont je me régale depuis mon arrivée ici mais c'était mieux que ce que j'avais chez mes parents. J'avais également un dîner le soir avant d'aller dormir, auquel succédait un rituel fastidieux mais inévitable : le brossage de dents. J'ai découvert l'hygiène bucco-dentaire chez mon oncle et ma tante. Auparavant, se laver systématiquement les quenottes avant de filer sous la couette était un concept qui m'était étranger… Un peu comme les loisirs en règle générale. Par exemple pour les vacances, lorsque j'étais petite fille, j'étais envoyée chez ma grand-mère pour quelques jours avec l'impression diffuse mais tenace que mes parents se débarrassaient un peu de moi. Sortir, aller au cinéma, au théâtre, passer une journée à la plage, toutes ces activités étaient nouvelles pour moi. En Tunisie, nous ne nous rendions en famille au bord de la Méditerranée qu'une fois tous les deux ou trois ans. Et encore… Ces excursions ne m'ont pas laissé un bon souvenir, il fallait prendre le bus longtemps, les parents s'agaçaient, ils nous criaient dessus et tout le monde arrivait épuisé. Une fois sur la plage, en maillot de bain, nous nous rendions d'ailleurs compte qu'en fait, personne ne savait nager… Si j'ai dû attendre d'être en France pour jouir de tout cela, c'est ma tante qui m'a construit de solides repères, elle m'a structurée.

Mon oncle, lui, m'a appris la pensée critique. J'ai découvert à ses côtés les philosophes arabes du XIe siècle, du XIIe siècle, et toute la civilisation arabo-musulmane. De plus, Chokri n'était pas très croyant, c'est-à-dire qu'il se concentrait sur l'aspect littéraire et philosophique des textes, mais qu'il ne s'agissait pas pour lui de m'enseigner des faits religieux, ni de faire de moi une experte en théologie. Tout en m'enseignant l'histoire d'Adam et Ève, par exemple, il veillait à m'offrir un contrechamp : « Attention, c'est une parabole. »

J'avais accès à certains films, aussi. Le père de mon oncle Chokri (donc mon grand-oncle) s'appelait Ali. Instituteur, cinéphile et passionné de politique, Ali – mort il y a peu de temps – était extrêmement cultivé. Il passait une bonne partie de son temps libre les yeux rivés sur France 24, Al Jazeera et la BBC à se renseigner sur l'état du monde. Je le revois, installé devant la télévision avec, à proximité de son fauteuil, des piles de livres en arabe et en français. J'aimais beaucoup m'installer à ses côtés et nous passions des après-midi entiers à discuter. Sans que je m'en rende compte, sans que cela soit le moins du monde rébarbatif, Ali m'éduquait, me donnait des cours particuliers. Anouar el-Sadate, les Frères musulmans, le monde arabo-musulman : nous ouvrions ensemble des chapitres sur lesquels nous pouvions passer plusieurs semaines. Dans les propos et l'enseignement d'Ali, il y avait toujours ce fil rouge : pourquoi les Occidentaux ont-ils avancé et pas nous ? Pourquoi les Lumières ont-elles éclairé l'Europe et pourquoi les ténèbres se sont-elles subitement abattues sur les pays arabes ? « Si tu arrives à comprendre ça, tu auras les clés pour comprendre tout ce qu'il ne faut pas faire dans une vie ou dans une politique publique », me répétait-il. « Il faut que tu arrives à comprendre et analyser la décadence arabe », insistait-il. Le résumé de son analyse, c'est que le déclin a commencé parce que les gens ont arrêté de lire, suite à l'interdiction de l'impression.

Sur ses conseils, j'ai commencé à m'intéresser à la décadence arabe, à partir du XIe siècle, et à Ibn Roch de Cordoue, plus connu en Occident sous son nom latinisé d'Averroès, qui connut un temps l'exil et dont les livres furent brûlés à la fin du XIIe siècle. Pour quelle raison ? Ce grand penseur d'Al-Andalus, le califat de l'Espagne musulmane, était par ailleurs médecin et théologien et il soutenait que l'usage de la philosophie et de la logique démonstrative était recommandé par le Coran, ce qui n'était pas du goût des musulmans traditionalistes. Ibn Taymiyya, fondamentaliste hostile à Averroès, consacra une étude entière à démontrer le caractère impie de son œuvre. Connue en Occident par l'intermédiaire des Juifs qui gardèrent trace de ses écrits grâce à des traductions, l'œuvre d'Averroès a ensuite été intégrée à la philosophie médiévale latine. Ali, comme pour réparer ces autodafés, m'a donné des livres, concis d'abord, puis de plus en plus épais. Ali et Chokri m'ont permis de développer un esprit critique puis, petit à petit, ont fait naître en moi une véritable conscience politique.

Voilà pourquoi j'aime les livres, et l'art. Je ne remercierai jamais assez les écrivains, les philosophes, les romanciers et les artistes pour la fenêtre qu'ils nous ouvrent non seulement sur le monde, mais aussi – et surtout ? – sur nous-mêmes. Le philosophe français Henri Bergson est, à mon sens, l'un de ceux qui ont donné la plus belle définition des bienfaits de l'art pour l'esprit humain : « Le poète et le romancier qui expriment un état d'âme ne le créent certes pas de toutes pièces ; ils ne seraient pas compris de nous si nous n'observions pas en nous, jusqu'à un certain point, ce qu'ils nous disent d'autrui[1]. » Les écrivains et les artistes sont ces révélateurs.

À la campagne, la parole était beaucoup plus libre qu'à Tunis. Loin de la capitale, j'avais trouvé refuge dans un foyer de gens instruits, mais aussi extrêmement libres, qui ne redoutaient pas l'irruption de la police. Au sein de ce petit cercle éclairé, et presque curieusement, la femme d'Ali était très traditionaliste. Contrairement à Ali et Chokri, qui me poussaient à être moi-même, elle s'offusquait de mes désirs d'indépendance, elle m'orientait vers des schémas immémoriaux, qui ne laissent que peu de place aux femmes. Mais je ne cédais pas, je n'abdiquais pas un pouce de cette liberté, présente et à venir, si chèrement acquise.

1. Henri Bergson, *La Pensée et le Mouvant*, Flammarion, Paris, 2014.

Vous l'aurez deviné, après ces deux années, je ne voulais plus rentrer chez moi. Par chance, il n'en était pas question. Pourtant un autre défi m'attendait, loin de la maison dont j'avais fait un refuge, mais qui était aussi un tremplin vers l'avenir. J'allais devoir affronter deux ans d'internat dans la ville de Kef, loin d'Ali, loin de Chokri et de Bahia, mon oncle et ma tante, chez qui je ne pourrais revenir que le week-end.

L'internat au Kef

Deux ans avant de passer mon baccalauréat, j'ai donc pris la direction de l'internat du Kef, cette cité du nord-ouest de la Tunisie où les femmes ont la réputation, qui n'est pas usurpée, d'être fortes et libérées. Je suis arrivée dans une ville plus grande que celle où j'habitais avec mon oncle et ma tante, avec, c'est un détail qui m'a marquée, un tribunal.

L'internat… Je ne savais pas vraiment à quoi m'attendre. Dans mon sac, avec mes quelques affaires, j'avais fourré un peu d'excitation, et, surtout, des kilos d'appréhension. Effectivement, les premières semaines ont ressemblé à un calvaire. Les personnes qui dirigeaient l'établissement ne plaisantaient pas avec la discipline. Je mesurais alors qu'en quelques années, j'étais passée d'un niveau d'organisation zéro (chez mes parents), à un niveau élevé (chez mon oncle et ma tante), puis à une organisation quasi militaire (à l'internat).

Tous les jours : réveil à 5 h 30 ! À 6 h 15, je devais être prête, habillée et coiffée. De 6 h 15 à 6 h 45 :

petit déjeuner et toilette sommaire à un point d'eau qui aurait pu servir d'abreuvoir à un troupeau de vaches… 6 h 45 : il fallait que je sois opérationnelle. La douche ? C'était une fois par semaine, lorsque je rentrais chez mon oncle et ma tante. En fin de semaine, les odeurs d'étable commençaient ainsi à indisposer les plus sensibles d'entre nous, dans notre vaste dortoir de trois cents filles.

J'avais 15 ans, et pour la première fois de ma vie je me sentais véritablement seule, livrée à moi-même. J'étais méfiante, je restais sur mes gardes et je devais constamment surveiller mes affaires, qui avaient tendance à disparaître dès que je cessais de les avoir à l'œil. Durant ces premières semaines, j'ai découvert la méchanceté gratuite, les moqueries, les coups tordus… Moi, la Tunisoise à la silhouette longiligne, avec son accent chic de la capitale (c'était bien la seule richesse que m'avaient léguée mes parents), j'étais partie pour en baver.

Mais très vite, contre toute attente… je suis devenue la plus heureuse des internes de cet austère pensionnat ! Quelques semaines s'étaient écoulées, et le week-end venu, je ne voulais même plus rentrer chez mon oncle et ma tante. À l'internat, le confort était rudimentaire, mais j'avais un groupe d'amies et la conviction de me trouver à l'endroit adéquat pour préparer ma grande offensive sur la vie, ma vie ; l'offensive qui me permettrait d'en prendre véritablement les commandes. Ici, je pouvais me concentrer sur mon objectif ultime : mes études. J'avais du pain sur la planche : après le bac, j'avais décidé de m'orienter vers l'économie-gestion, filière où il fallait être bon partout (mathématiques, histoire-géographie, arabe, français). Mais ici, j'avais un avantage pour mettre les bouchées doubles : les tentations – les sorties, la ville et ses lumières, les garçons – n'existaient pas. Elles étaient tenues à distance. Ici, j'avais une base arrière pour me construire et d'où conquérir le monde.

Je devais réussir, je n'avais pas le droit à l'erreur. Je me souviens de m'être fait la réflexion que c'est ce qui me démarquait des autres filles. J'avais profondément conscience que mon avenir se jouait alors. Plusieurs de mes camarades auraient droit à des « jokers » – elles pourraient compter sur la fortune familiale, sur les relations et l'entregent de leurs parents –, mais pas moi.

Comme une trapéziste qui lâche la barre lors d'un saut périlleux au-dessus du vide, je voltigeais sans filet. Réussir ou mourir : j'exagère un peu, mais je vivais avec cette conviction de ne pas avoir le choix, puisque si je ne réussissais pas, je n'aurais plus qu'à rentrer chez mes parents. Cela signifiait retourner à cette vie de Cosette que j'avais fuie – laver, ranger, passer la matinée le ventre vide, bref, la pauvreté – et sans doute jusqu'à la fin de mes jours. Je ne voulais pas de cette fin de l'histoire. Chez moi, à Tunis, aucune chambre ne m'attendait. Alors oui, je préférais dormir avec trois cents autres filles dans un dortoir.

À l'internat, je me suis endurcie. Cette rigueur et cette discipline que j'ai d'abord subies avant de les apprécier, puis de m'y astreindre, ont déconcerté mes proches. J'avais changé, ma peau s'était épaissie. Lors des rares séjours chez mes parents durant cette période, je n'étais plus la petite fille qu'ils avaient laissée partir. À vrai dire, moi-même je ne me reconnaissais plus ; et les autres, mon père, ma mère, mes sœurs, me reconnaissaient encore moins. De retour au bercail, l'adjudante-cheffe Sonia Krimi, rigide comme un codex, déroulait une liste de règles qu'elle conseillait de respecter. Je me revois faire la leçon à mes petites sœurs. Je m'entends encore hausser le ton, catégorique : « Il faut faire ci, il faut faire ça, il faut que vous soyez beaucoup plus organisées que ça. » J'étais devenue directive, donneuse de leçons, suggérant, préconisant, admonestant, mais persuadée, en ce qui la concernait, d'être « parfaite en tous points ». Mes sœurs, c'est sûr, devaient me trouver insupportable.

J'avais changé, mais j'adorais ma nouvelle vie ! Et plus encore, je me délectais de ma personnalité flambant neuve. Mes efforts, déjà, portaient leurs fruits, ils avaient forgé mon caractère. De retour à l'internat, je n'avais qu'une envie : poursuivre, approfondir encore, mobiliser mes capacités à 100 %. Alors j'épluchais le programme, puis tous les manuels que nous avions reçus pour l'année, et je m'abrutissais de travail. L'avantage d'être « prisonnière » d'un lieu austère, c'est qu'on dispose de beaucoup de temps. Ces longues heures, j'étais bien décidée à les employer du mieux que je pouvais. Pendant la pause du déjeuner, je filais travailler. Même discipline le soir : après le dîner, avalé rapidement (il s'agissait moins de se régaler que de se nourrir) de 18 heures à 18 h 30, je retournais étudier jusqu'à 20 h 30. À 21 heures : extinction des feux, rien d'autre à faire que d'aller dormir. J'occupais une place à l'entrée du dortoir, nous avions des lits superposés et je dormais sur celui du haut. Le confort était spartiate et les conditions climatiques n'étaient pas particulièrement clémentes. La Tunisie, ce n'est pas que le soleil… Sur le plateau du Kef, l'hiver est très rigoureux et la neige fréquente à cette saison ; les nuits peuvent être glaciales. Imaginez : 0 °C dehors, pas de chauffage dans le dortoir et pour toute protection une couverture qui gratte bien plus qu'elle ne tient chaud, il y avait de quoi grelotter. Même si nous étions trois cents filles, les quelques calories de chaleur humaine ne réchauffaient pas l'atmosphère.

Était-ce triste ? Suis-je en train de chercher à vous apitoyer ? Non ! D'ailleurs, tous les matins, je me réveillais heureuse. Je me souviens des interventions théâtrales de la surveillante, épatée : « Ah ! La seule fille qui se lève avec un grand sourire, c'est

Sonia Krimi ! » Nous avions un jeu toutes les deux. J'étais certes ravie de commencer ma journée, mais je ne refusais jamais un quart d'heure de sommeil supplémentaire. Comme j'étais très fine, j'arrivais à m'enfoncer dans mon matelas, à me recouvrir de la couverture et à donner l'impression que j'avais quitté mon couchage. Le stratagème ne durait que quelques minutes, mais c'était toujours ça de grappillé...

La journée de cours pouvait commencer. Je m'asseyais toujours aux premiers rangs, une habitude que j'ai gardée et qui oblige à être attentive. Les leçons de nos professeurs me permettaient d'arroser et de faire éclore les graines de connaissance que j'avais déjà pris soin de semer. En effet dans plusieurs matières, comme je l'ai déjà dit, j'avais pris pour habitude de finir le programme de l'année en décembre. Ma maîtrise des sujets enseignés m'a fait comprendre deux choses. D'abord, il faut être travailleur et cultivé pour prétendre au pouvoir ; il faut être bon pour le conquérir. Cette prise de conscience, je continue d'en faire une boussole. Je ne m'exprime pas si je ne maîtrise pas un sujet, ou un dossier. Je ne tire jamais à vue comme certains députés. Ensuite, j'ai compris que lorsque vous êtes doué, les gens vous pardonnent beaucoup de choses. Autrement dit, le talent autorise à prendre des risques, car il ouvre en quelque sorte un droit à l'erreur. Il convient donc d'agir, de tenter sa chance.

L'inconnu me faisait peur, mais je devais m'y confronter. L'internat était un ailleurs mystérieux, possiblement dangereux, mais je ne regretterai jamais d'avoir pris la décision d'en pousser la porte. Il y a deux manières de réagir devant ce qu'on ne connaît pas : décréter que c'est idiot, ou aller voir. Se figer, se recroqueviller ou s'élancer, bondir. J'aime aller voir, découvrir par moi-même. Je veux être en mouvement. À l'internat, j'avais ma bande d'amies. Des filles extra, que d'autres que moi auraient rangées dans la catégorie de celles qu'on ne doit pas fréquenter. En fait, mes proches me reprochent de systématiquement me lier d'amitié avec les mauvaises personnes. Chez mes parents, durant mon enfance, ma meilleure amie était la fille la plus décriée du voisinage car elle était trop « libre » (dévergondée, auraient dit certains) dans sa façon d'exprimer ses opinions, dans ses relations avec les garçons. Je l'assume, les hommes, les femmes qui ont de la personnalité m'ont toujours attirée. Naturellement, à l'internat, j'ai donc choisi des copines avec du caractère. J'aime les gens entiers et ceux que la vie a cabossés. Mes amis m'appellent l'« infirmière », car j'ai toujours besoin d'aider, de me sentir utile. J'avais trois camarades de classe à l'époque, toutes très mauvaises élèves. La première était libre, extravertie, fêtarde ; les deux autres venaient de milieux très pauvres. À l'internat, les professeurs ne comprenaient pas pourquoi j'étais proche de ces filles-là plutôt que des premières de la classe comme moi. La raison est simple : je ne choisis pas mes amitiés en fonction de ce qu'elles peuvent m'apporter mais en fonction des affinités, à la différence d'une de mes sœurs qui sélectionne ses amies par rapport à leur niveau de vie et s'évite par exemple d'emprunter les transports en commun grâce à leur voiture. Ce n'est pas glorieux, mais je crois qu'elle ne s'en rend même pas compte, il s'agit d'une stratégie inconsciente. Bref, j'avais mon groupe de copines « rock 'n' roll », et elles me permettaient de m'aérer l'esprit. Franchement, les gens trop sérieux, je trouve ça presque... effrayant !

Si je n'instrumentalisais personne, d'autres, par contre, n'hésitaient pas à adopter ce comportement envers moi. Des filles de l'internat m'ont manipulée, elles se sont servies de moi parce que j'étais studieuse et cela m'a beaucoup blessée. Affublées du masque de la camaraderie, elles se sont rapprochées, ont prétendu partager mes centres d'intérêt, et j'ai même cru que nous pourrions devenir amies. Ce qui m'avait échappé, c'était le *timing*. Leur manœuvre tactique avait été lancée quelques semaines avant les examens. L'objectif final de leur danse du ventre, c'était de pouvoir s'asseoir à côté de moi le jour J pour copier. Elles ne mégotaient donc pas sur les compliments : « Que tu es drôle », « Que tu es jolie »... Si je me suis laissé berner au début, j'ai finalement compris leur tactique et leur ai répondu à ma manière. Je suis allée voir le professeur principal pour lui expliquer que je souhaitais être isolée au fond de la salle durant les examens. J'avais pris la précaution de lui demander s'il voulait bien faire en sorte que les autres élèves aient l'impression que la décision vienne de lui. Il n'y a vu aucune objection et le jour J, il m'a « spontanément » demandé de me déplacer loin de mes camarades. Aujourd'hui, je ne rougis pas de la décision que j'ai prise, que je ne qualifierai pas d'égoïste ou d'individualiste. J'aime aider, je suis capable de porter secours, de donner du temps à ceux qui le méritent, mais j'ai la triche en horreur. Si j'avais les bonnes réponses c'était à force de travail et de nombreuses heures penchée sur mon bureau ; il n'y avait aucune raison que j'en fasse profiter de telles opportunistes. C'était une question de justice.

Et l'injustice, justement, me révoltait ! Depuis que j'avais trouvé refuge chez mon oncle et tante, j'avais assimilé, sans m'en rendre compte, l'idée d'appartenir à la classe moyenne. Le sentiment d'être une enfant d'extraction modeste m'avait abandonnée. Mais à l'internat, les externes, qui rentraient chez eux tous les soirs, et dont la plupart des parents exerçaient des professions dites supérieures – ils étaient médecins, banquiers, avocats, etc. –, appelaient les internes les « déchets ». Pour la première fois de ma vie, je me suis alors sentie discriminée. Parce que nous venions de loin, parce que nous ne rentrions pas chez nous tous les soirs, nous aurions été différents, sales, dangereux… Je ne l'ai pas supporté et je nous ai défendues, à voix haute, publiquement. Le bac en poche, j'ai opté pour la filière économie et gestion qui offre de nombreux débouchés. La perspective d'étudier en français avait été déterminante dans mon choix. À l'université, en éco-gestion, les cours étaient dispensés dans la langue de Molière. Une vraie chance pour moi, car même si je parlais arabe à l'internat, c'était désormais en français que je m'exprimais le mieux. En ligne de mire, j'avais une carrière dans le commerce international, secteur où les gens gagnent plutôt bien leur vie. Il s'agissait clairement d'un choix de raison et de facilité, pas d'un coup de cœur. J'ai été admise à l'École supérieure de commerce, à Tunis. J'avais 18 ans et l'on n'est pas plus sérieux quand on a 18 ans que quand on en a 16… À ce moment, l'austérité monastique de ma vie à l'internat du Kef était un lointain souvenir. J'ai continué à être une élève sérieuse et appliquée, mais pendant quatre ans, j'ai profité de la liberté qui m'était offerte. Je me suis débrouillée pour obtenir une chambre au Crous (centre régional des œuvres universitaires et scolaires). Cela n'a pas été simple, car pour en bénéficier, j'ai dû produire un contrat de location au Kef, ce dont je ne disposais pas. J'y suis donc retournée et j'ai réussi à convaincre des propriétaires de ma connaissance de me fournir un document qui me domiciliait dans la ville de Kef. C'était de bonne guerre ; après tout j'avais passé deux années à l'internat du Kef, j'étais devenue une étrangère à Tunis. En vérité, si j'étais prête à déployer tous ces efforts, c'est d'abord parce que je redoutais plus que tout de devoir regagner le domicile familial. J'avais grandi ; j'étais désormais une jeune fille, presque une femme, et je n'avais pas l'intention de retourner vivre chez mes parents.

La vingtaine, c'est une période de liberté absolue, d'amitiés profondes, d'amours déchirantes. Hélas, à cet âge où l'apparence et la séduction prennent tant d'importance, je ne me sentais pas belle. Du moins, pas selon les critères de beauté tunisiens. À vingt ans, j'étais trop fine, trop maigre, pour plaire aux jeunes gens tunisois. Et j'ai subi à l'École supérieure de commerce la même blessure, douloureuse et à cicatrisation lente, que celle ressentie à l'internat. Un jeune garçon de mon âge, dont toutes les filles étaient amoureuses, s'est rapproché de moi comme par magie… deux semaines avant les examens. Comme si subitement, victime d'un sortilège, il était devenu impossible à ce bellâtre de résister à mon charme fou. Un mot, un sourire, une mèche rabattue derrière l'oreille, la moindre de mes grimaces, le moindre de mes gestes le faisait tomber en pâmoison. Je n'étais pourtant pas devenue séduisante d'un coup de baguette magique et son stratagème grotesque m'a fait beaucoup de mal.

Tunisia On My Mind

J'ai échappé à la misère et à l'ennui de la vie en Tunisie. J'ai fui une existence dont je ne voulais pas. Mais la terre de mes origines, celle où vivent mes parents, ma famille, et beaucoup de personnes qui me sont chères, est toujours présente dans un coin de ma tête.

Zine el-Aidine Ben Ali est mort le 19 septembre 2019 en Arabie saoudite, où il vivait en exil. Les manifestations populaires sans précédent, qui ont donné naissance au Printemps arabe, l'ont décidé à fuir le pays avec son clan le 14 janvier 2011, après vingt-trois années de règne d'une main de fer.

Je l'écris et le dis dès que l'occasion se présente : le soi-disant « miracle tunisien » de Ben Ali n'était qu'un leurre… En 2003, le président Jacques Chirac était tombé dans le panneau… « Le premier des droits de l'homme, c'est manger, être soigné, recevoir une éducation et avoir un habitat. De ce point de vue, il faut bien reconnaître que la Tunisie est très en avance sur beaucoup de pays[1]. » La vérité était bien différente de ce que le discours de Ben Ali voulait faire croire, pourtant. Le chômage et la misère étaient le lot de millions d'habitants, la corruption rongeait les institutions et les administrations comme les termites grignotent une charpente, et des régions entières étaient laissées à l'écart des politiques publiques. Ce mal-être, ce refus d'injustices de plus en plus criantes, cette colère en somme, se sont cristallisés le 17 décembre 2010 avec l'immolation du marchand ambulant Mohamed Bouazizi, dont la marchandise avait été saisie par les autorités, qui donna le coup d'envoi de la révolution. Oui, c'est de la terre où je suis née – et j'en suis fière ! – que sont parties les révolutions du Printemps arabe. Le feu qui couvait est devenu un incendie qui s'est répandu dans toute la Tunisie, puis s'est propagé en Égypte, au Yémen, en Libye, en Syrie, en Jordanie et en Algérie.

Une dizaine d'années plus tard, le bilan est amer, et souvent cruel. Massacres, guerres civiles, influence grandissante des fondamentalistes religieux, pour nombre de ces pays, l'« après » a des allures de lendemains qui déchantent ; seule la Tunisie semble avoir véritablement mis à profit ce Printemps arabe.

Là-bas, la période post-révolution a fait souffler un vent de liberté qui, d'abord, a semblé dégager l'hori-

1. Discours du président de la République Jacques Chirac lors d'une visite officielle à Tunis, le 4 décembre 2003.

zon. Les électeurs ont découvert le multipartisme et expérimenté l'alternance politique. Mais paradoxalement, les Tunisiennes se sont vite inquiétées. La fuite de Ben Ali, qui a débouché sur l'arrivée au pouvoir d'Ennahdha, parti conservateur et religieux longtemps interdit mais légalisé par le gouvernement d'union nationale après la révolution, a suscité l'anxiété des femmes, mères, épouses, sœurs et filles. En Tunisie, celles-ci jouissent en effet d'une considération sans pareil en Afrique du Nord et font figure depuis longtemps de privilégiées par rapport à leurs voisines, bien moins loties en termes de droits fondamentaux.

Leur situation actuelle est le fruit d'une politique d'émancipation qui remonte à l'ancien président Habib Bourguiba. En 1956, au moment où cet ancien protectorat français accède à l'indépendance, le nouveau président impose le Code du statut personnel (souvent abrégé en CSP), accordant aux Tunisiennes des droits sans commune mesure avec ceux dont disposent les femmes dans les autres pays du monde arabe. Dans ce texte – le premier promulgué par la jeune République tunisienne, avant même la Constitution qui ne verra le jour qu'en 1959 – Bourguiba lançait une série de réformes progressistes. La loi instituait le divorce judiciaire et proscrivait la répudiation, interdisait la polygamie et fixait un âge minimum pour le mariage. En un mot, le nouveau président mettait fin au pouvoir despotique des pères et des maris, transformant la

Tunisienne en sujet de droit. Des femmes fortes, puissantes, indépendantes, la Tunisie en comptait dans son panthéon, qu'il s'agisse de la princesse phénicienne Didon ; d'Arwa al-Kaiwarania qui, au VIIIe siècle, imposa la monogamie au calife abbasside Abou Jaafar al-Mansour qui souhaitait l'épouser, ou encore d'Aziza Othmana, princesse qui, au XVIIe siècle, libéra ses esclaves, se débarrassa de ses biens pour construire un hôpital à Tunis et venir en aide aux démunis. Je connais toutes ces figures féminines autochtones, ces modèles, ces sources d'inspiration (je ne sais pas trop comment les définir). Je sais comment elles ont inspiré, comment elles continuent d'inspirer, les autres femmes du pays. J'en ai fait l'expérience dans ma vie. En effet, la femme tunisienne – comme ma mère, ma tante, et tant d'autres que j'ai rencontrées – a toujours exercé une influence fondamentale au sein des familles, et dans la société en général. Dans les faits, ainsi, rares sont les familles tunisiennes où une grand-mère, une mère, une tante, une grande sœur n'est pas le pilier. Mais la grande nouveauté, c'est que Habib Bourguiba entendait déclencher un mouvement de masse. Grâce à lui, nous passions de l'exemple, du passé mythique, à une politique publique de libération de la femme. Ce qu'il fallait conquérir à la force du caractère, la loi l'imposait désormais, à la force du droit.

Pour résumer, le nouveau président tenait l'ordre patriarcal en aussi faible estime que l'ordre colonial dont le pays venait de se débarrasser. Il avait une vision moderne de la famille, dont il souhaitait faire un instrument de transformation de la société. L'émancipation des femmes lui apparaissait donc décisive, qu'il s'agisse de leurs droits civiques ou de leur éducation, et même de leur contraception. Dans l'esprit de Habib Bourguiba, une natalité galopante aurait été un frein au développement rapide du pays.

Le Code du statut personnel est, à ce jour, le texte le plus avant-gardiste du monde arabo-musulman. Le titre de « libérateur de la femme tunisienne », qui fut légitimement donné à Habib Bourguiba, était d'ailleurs celui auquel le père de l'indépendance tunisienne accordait le plus de valeur. Ce titre orne, en lettres d'or, la porte de son mausolée.

Par la suite, les autorités ont rapidement compris l'intérêt qu'elles auraient à tirer parti de ces mesures d'émancipation des femmes, mesures fort bien accueillies par la communauté internationale. Ainsi – et tant mieux ! – le féminisme d'État est demeuré une marque de fabrique, même sous Ben Ali. Le législateur tunisien a pris soin de renforcer, en menant des réformes successives, les droits des femmes en matière de divorce, de garde d'enfant, de tutelle légale de la mère. La Tunisie a légalisé l'avortement en 1973, soit deux ans avant la France, puis elle a aboli le devoir d'obéissance de l'épouse envers son mari en 1993, instituant par ailleurs un fonds de garantie de la pension alimentaire. Mieux : plusieurs de ces progrès ont été gravés dans le marbre de la Constitution, ce qui sanctuarise les droits des femmes.

Mais gare à l'éloge béat, car beaucoup reste à faire. Dans un dossier consacré à la Tunisie, *Le Parisien Magazine* du 30 novembre 2018[1] rappelle que « Le féminisme d'État revendiqué par la dictature dissimulait une réalité bien différente, faite de brutalité. Une étude réalisée en décembre 2010, quelques semaines avant la fuite de Ben Ali, révélait que 31 % des Tunisiennes étaient victimes de violences physiques au cours de leur vie, et 15 % de violences sexuelles. » La pauvreté constitue également un mal endémique et les chiffres sont accablants. Aujourd'hui, seules 12 % des Tunisiennes sont propriétaires d'un logement, et 14 % d'une terre.

Enfin, « en Tunisie, comme dans le reste du monde arabe, une femme touche moitié moins qu'un homme lors des successions, ajoute *Le Parisien Magazine*. En plus d'être inégalitaire, la loi est souvent bafouée. Dans les zones rurales reculées, les femmes sont souvent privées par leurs frères et oncles des terres auxquelles elles pourraient légalement prétendre. » Il

1. Benjamin Jérôme, « Tunisie : les femmes portent l'avenir du pays », *Le Parisien Magazine week-end*, 29 novembre 2018.

s'agit d'une scandaleuse spoliation de leur héritage, et je ne peux que m'en offusquer. Hélas, le Code du statut personnel, conservateur sur plusieurs aspects (tel le maintien de la dot), est resté fidèle à la tradition en matière successorale. Le pouvoir politique était conscient du problème. Béji Caïd Essebsi, l'ancien président de la République tunisienne, s'était saisi du sujet peu avant de mourir en juillet 2019, il avait proposé d'instaurer l'égalité des sexes en matière de succession. Un sujet très sensible dans un pays où le concept de répartition en cas d'héritage est dicté par la sourate 4 du Coran qui dit qu'une part équivalente à celle de deux filles doit revenir au fils lors du partage. À cet obstacle religieux, il faut ajouter le poids des traditions, car pour bon nombre de Tunisiens, il n'y a rien d'anormal à penser que si la terre revient à une femme, elle est « perdue ». Sans surprise, la proposition du président Béji Caïd Essebsi avait provoqué de nombreuses manifestations, qu'il s'agisse de la soutenir ou de s'y opposer. Depuis sa mort, la question est restée en suspens…

Mais je veux clore ce chapitre sur une note optimiste, car il y a des raisons d'espérer. À intervalles réguliers, la loi enregistre de nouveaux progrès ou fait disparaître d'injustes dispositions. En 2014, l'Assemblée constituante a entériné le principe d'égalité des citoyens et des citoyennes devant la loi, qu'il s'agisse des droits ou des devoirs. En 2017, le pouvoir a abrogé une circulaire de 1973 interdisant aux Tunisiennes – supposées musulmanes – d'épouser un non-musulman (l'inverse était autorisé !). En 2018, une loi a reconnu toutes les violences psychiques, morales et sexuelles, infligées aux femmes, supprimant la possibilité pour un violeur d'épouser sa victime afin d'échapper aux poursuites.

En 2019, enfin, la Tunisie figurait à la 40e position mondiale dans le classement de l'indice de l'engagement à la réduction des inégalités. Publié par deux organisations non gouvernementales, Oxfam et Development Finance International, cet indice mesure les actions concrètes prises par 157 pays – en matière de dépenses sociales, de fiscalité et de droit du travail – pour s'attaquer à l'écart entre riches et pauvres. La Tunisie est le premier pays arabe et le troisième pays africain dans ce classement.

La naturalisation
« Bienvenue à la préfecture »

« Émigrée », « immigration », « intégration » ne sont pas pour moi des mots vides de sens. Il ne s'agit pas, dans mon histoire personnelle, de simples concepts : les titres de séjour, les files d'attente en préfecture, je connais, j'en ai fait l'expérience.

J'ai été naturalisée française en 2012, après avoir essuyé… deux refus ! Au troisième essai – qui fut le bon – j'avais d'ailleurs pris la précaution de prendre un avocat. Heureusement que ce dernier fut concluant car j'en étais déjà à me renseigner pour partir au Canada.

J'arrivais en France de Tunis avec un regard complètement neuf. J'ai débarqué à Marseille le 13 octobre 2005, date que je fête désormais chaque année. C'était l'automne, le ciel était gris et il commençait à faire froid. Pourtant je me sentais étrangement réchauffée et je repeignais en bleu la grisaille au-dessus de ma tête. La première chose que j'ai faite en foulant le sol français, c'est m'attabler, seule, à un troquet pour célébrer l'avenir qui s'offrait à moi. Une bière ou un verre de vin, à vrai dire je ne sais même plus, mais en tout cas c'était de l'alcool – car cela m'apparaissait follement exotique de consommer, seule, de l'alcool en terrasse, chose impensable pour une femme en Tunisie – alors qu'aujourd'hui je n'en bois plus une goutte. Qu'importe, ces gorgées-là avaient un goût particulier : celui de l'émancipation, de la liberté, et je les dégustais sans quitter des yeux l'horizon, imaginant la Tunisie au loin. Je savourais mon verre et mon succès ; j'avais réussi à m'arracher à un destin qui ne me correspondait pas et ne m'aurait pas rendue heureuse, j'allais commencer une vie nouvelle dans un pays où j'avais le sentiment d'être absolument libre de faire ce qui me plairait.

Je ne suis pas restée à Marseille. J'ai pris la direction du Var pour poursuivre mes études. La région Provence-Alpes-Côte d'Azur (PACA) m'avait en effet accordé une bourse. J'allais à Toulon pour passer un deuxième Master en management, finance et contrôle stratégique à l'EDHEC business school/IAE de Toulon, puis j'y ai ensuite soutenu une thèse en sciences de gestion à l'université de Toulon. Cette région m'a aussi apporté son soutien financier pour mener à bien un travail au long cours intitulé : « Contribution à l'amélioration de l'apprentissage organisationnel dans les pôles de compétitivité : le cas du pôle mer PACA ».

J'étais jeune, j'étais toujours bègue, il me restait énormément de choses à apprendre, à découvrir, mais j'étudiais d'arrache-pied. J'étais éperdument reconnaissante à ma terre d'accueil et d'adoption. La France ne s'était pas demandé si j'étais étrangère, elle m'avait aidée car je portais une idée. Oui, la France est généreuse, pourtant ses fonctionnaires peuvent être particulièrement blessants.

Ma naturalisation donc, à la préfecture. Ma première demande date de 2008 mais je n'ai obtenu ma carte d'identité française qu'en 2012, après deux refus. La première fois, l'Administration m'avait reproché de ne pas payer suffisamment d'impôts. Je pense que la préfecture aurait préféré que je me sois mariée, que j'aie fait des enfants, bref, que j'aie mené une vie plus conforme aux standards. La deuxième fois, la fonctionnaire zélée (et bornée) qui m'avait reçue n'avait pas apprécié mes réponses à ses questions…

Je m'en souviens comme si c'était hier, nous nous faisions face dans un bureau austère et mal chauffé ; à l'instant où elles étaient sorties de sa bouche, j'avais trouvé ses questions ridicules et pour tout dire un peu stupides. « Les piscines, que pensez-vous de certaines tranches horaires non mixtes ? » Le piège était aussi visible qu'un éléphant dans un magasin de porcelaine. J'étais arrivée vêtue d'une petite jupe, les cheveux bien lissés ; celle qui me recevait en entretien voyait très bien qu'elle n'avait pas affaire à une dangereuse islamiste qui prônait la séparation des hommes et des femmes à la piscine ! Mais sa question, comme son ton, a eu le don de m'agacer ! J'ai donc formulé la réponse que je n'aurais pas dû (du moins, si mon objectif était d'obtenir rapidement la nationalité française) : « Étant donné qu'il existe des horaires spécifiques pour les femmes de confession juive, alors je ne vois pas pourquoi il n'existerait pas d'horaires spécifiques pour les femmes de confession musulmane. Ou la loi s'applique pour tout le monde, ou bien les piscines commencent à mettre en place des exceptions, mais alors il faut des exceptions pour tout le monde. » Bref, au lieu de répondre bêtement, j'essayais d'argumenter, de la convaincre… Cela lui a évidemment déplu. La fonctionnaire de la préfecture attendait que je lui récite la leçon de base, celle du parfait catéchisme républicain : « Je suis opposée aux tranches horaires non mixtes ! » Je suis absolument sûre que cette phrase aurait suffi à la satisfaire. Mais pour avoir été bravache, j'allais devoir répondre à une deuxième question, tout aussi subtile, et sur le même ton crispant : « Que pensez-vous de la démocratie ? » Je n'ai pas pu m'en empêcher : « Lorsque les Allemands ont envoyé Hitler au pouvoir, l'Allemagne était aussi une démocratie. Adolf Hitler a été démocratiquement élu. » Bien sûr, de son point de vue, ma réponse était complètement à côté de la plaque. Je n'arrivais à rien lire dans son regard, mais elle me prenait au mieux pour une provocatrice, au pire pour une folle. En fait, je pense qu'elle s'attendait à un profil-type, celui de l'immigrée tunisienne qui aurait fondu en larmes à sa question : « Oh oui, j'ai vécu en Tunisie, j'ai connu l'horreur d'une dictature, la démocratie, c'est le paradis. » Pas de chance pour elle (pour moi non plus), je n'ai pas fourni une réponse simpliste.

Tant pis si je gâchais mes chances de devenir française, mon orgueil avait été piqué au vif. J'étais titulaire de deux masters et d'un doctorat, j'enseignais à l'université Paris-2 Panthéon-Assas, et je me sentais vraiment prise pour une « nunuche ». Je n'allais quand même pas me laisser faire ! La goutte d'eau, c'est lorsqu'elle m'a demandé si j'avais besoin de cours de français ! Je suis à peu près certaine qu'elle m'avait posé cette question sans vouloir être vexante, je crois juste que je n'étais qu'un dossier et qu'elle me posait les questions habituelles les unes après les autres. Si, chaque fois, il fallait cocher les cases avant d'approuver une candidature, avec moi, plusieurs cases n'avaient pas pu l'être, c'est sûr…

Ces épisodes, qui m'ont agacée à l'époque, ne m'ont pas perturbée outre mesure. Je suis très à l'aise avec mon identité. Personne ne m'a fait de cadeau et je n'ai, par conséquent, aucun ascenseur à renvoyer à qui que ce soit. C'est mieux ainsi. Ce que j'ai obtenu, je suis allée le chercher par moi-même, à la sueur de mon front.

CAC 40 et contradictions

J'ai enseigné le management, la comptabilité et la stratégie d'entreprise à l'université Paris-2 Panthéon-Assas de 2010 à 2012. Rapidement, je me suis néanmoins sentie à l'étroit, au sens propre comme au figuré : je me sentais coincée à la fois par les murs et par le manque de projets concrets. J'aime le savoir. Je le respecte profondément, et j'ai eu suffisamment l'occasion de l'écrire. Cependant, j'ai découvert à cette période que j'avais aussi besoin d'agir concrètement sur le cours des choses. J'ai donc décidé de prendre mes distances avec l'université. Je me suis fait engager dans le privé, au service des entreprises françaises, avec l'espoir, croyez-moi ou non, d'améliorer le sort des travailleurs. Je n'y suis sans doute pas parvenue autant que je l'aurais voulu... Mais je n'ai pas à rougir, ni de mon choix ni de mes actions. Mes détracteurs chez LREM, depuis, se sont suffisamment amusés de mon positionnement à la gauche du parti et de cette avant-dernière ligne de mon CV qui peut décontenancer. L'enseignante en management devenue *cost killer* dans le secteur du nucléaire : est-ce que cela fait tache ? Non, je l'assume complètement !

Ma formation universitaire en économie-gestion puis ma carrière, qui s'est orientée vers le secteur privé et l'industrie, m'ont permis d'acquérir une véritable connaissance de l'organisation des entreprises. Il s'agit aujourd'hui d'un incontestable atout dans mon engagement de femme politique.

Chez Efeso Consulting, lors de mes missions de conseil en excellence opérationnelle, je concevais des *factory models*, c'est-à-dire des études financières très précises sur la santé financière des sociétés où j'étais en mission dans le but de les aider à réduire leurs coûts opérationnels de fonctionnement. Il était question non pas de proposer des réductions de masses salariales mais d'identifier de possibles postes de réduction de dépenses. Par comparaison, si je considère le secteur public, j'estime que beaucoup d'économies pourraient être réalisées sans dégrader ni les conditions de travail des fonctionnaires, ni la qualité du service rendu aux usagers. Le fait est que nous nous retrouvons aujourd'hui dans une situation anormale : il n'y a aucune raison pour que les agents du public, les fonctionnaires d'État comme ceux des collectivités territoriales, soient aussi déprimés. Leurs missions doivent être revues, dépoussiérées. Les fonctionnaires d'État sont trop spécialisés, et de nombreuses études ont montré que c'était un paramètre organisationnel qui créait de l'absentéisme. Modernisons ! Simplifions ! J'ai fait, dans de grandes entreprises, de la « conduite du changement », je sais de quoi je parle. Je ne vais pas me cacher derrière mon petit doigt, je sais aussi qu'on me renverra à mon précédent métier. Pourtant, au-delà de l'image négative, j'ai toujours fait en sorte de l'exercer fidèlement à mes convictions. Et si, dans ma précédente vie, je me suis montrée impitoyable en matière d'économies à réaliser, c'était toujours dans l'intérêt des entreprises concernées, de leur compétitivité et de leur pérennité, mais sans faire de la rémunération du capital, du versement des dividendes, bref, du profit. Que ce soit clair, je n'ai jamais vendu mon âme au diable ! Je sais quel est mon camp. Je n'ai pas oublié la crise des *subprimes* qui éclata aux États-Unis, en 2007, avant d'avoir des répercussions mondiales. Elle résultait de l'effondrement des valeurs immobilières entraînant l'augmentation des taux d'intérêt pour le remboursement de prêts immobiliers consentis à des personnes aux revenus faibles, les *subprimes* ; des millions d'Américains se sont retrouvés dans l'impossibilité d'honorer leur remboursement. Combien ont perdu leur maison ? Dix millions ! Combien de banquiers de chez Goldman Sachs ont fait de la prison ? Zéro ! La vérité, c'est que les cols blancs de Wall Street n'ont jamais été inquiétés, ni ceux de la City, à Londres, ni ceux de La Défense, à Paris... Seule l'Islande a condamné une trentaine de dirigeants bancaires à des peines de prison. Oui, il m'est arrivé, au cours de ma carrière, de croiser le fer avec les syndicats ; c'est vrai, j'en suis parfois venue à combattre des personnes qui, sur d'autres sujets, partageaient mes prises de position sociales, ma vision progressiste du monde, mais je n'ai jamais mené de missions qui étaient en contradiction avec mes convictions profondes. J'ai, à l'inverse, nettement amélioré de nombreuses procédures, et désamorcé plusieurs situations critiques. Je me souviens, par exemple, de ma mission au sein de l'usine Areva de La Hague, dans laquelle les salariés avaient... peur d'aller voir leur responsable pour lui faire part d'un problème technique ! J'ai aidé à enclencher un dialogue entre eux.

À cette époque, je gagnais très bien ma vie et je me souviens qu'avec mon premier salaire, j'ai voyagé au Népal et en Inde, seule, sac sur le dos. La marche aide formidablement à réfléchir, à faire le point. Aristote, à Athènes, enseignait au Lycée en marchant avec ses élèves. Je pourrais aussi citer Jean-Jacques Rousseau et ses *Rêveries du promeneur solitaire*. J'ai donc marché, je me suis donc promenée, j'ai rêvé et j'ai réfléchi. Je n'ai pas de problème de conscience par rapport à mon ancienne activité, je l'ai déjà dit. Mais je me rendais compte, et au fil des kilomètres c'était devenu une évidence, que je n'étais pas pleinement heureuse, ni pleinement accomplie. D'ailleurs, je bégayais de plus en plus… Ma parole était passée sur courant alternatif, elle peinait à se déployer. Je devinais, je sentais que je pouvais être encore plus utile, ailleurs. J'avais la certitude que je pouvais mettre mon action davantage et mieux au service de mes convictions. Je bégayais ? La belle affaire ! Cela ne m'empêchait pas de me lancer en politique, et d'ailleurs, je préférais mon propre bégaiement à celui des divers responsables politiques en place depuis trente ans !

En arrivant à l'Assemblée, j'ai mis les pieds sur une autre planète. Mes camarades LREM ne manquaient pas de fantaisie si je puis dire, et certains continuent, aujourd'hui encore, de m'apparaître un peu… comme des extraterrestres. J'ai déjà largement parlé de mes relations tumultueuses avec Gilles Le Gendre, le patron des députés de la majorité à l'Assemblée. D'autres rencontres, à l'inverse, ont été de formidables découvertes. Je pense par exemple à Émilie Cariou, la seule fiscaliste de gauche que je connaisse ! Et je n'oublie surtout pas Delphine Bagarry, Martine Wonner, Stella Dupont, Aina Kuric et Sandrine Mörch.

Paris – le microcosme politique, les dîners en ville, etc. –, ce n'est pas la vraie France, cet univers ne correspond en rien au pays réel, même si ce serait réducteur de ne décrire la capitale que sous cet angle. Ce décalage est d'autant plus grave qu'il nous fait perdre de vue l'urgence démocratique qui est la nôtre : nous devons associer plus de monde à notre projet. J'ai déjà eu l'occasion de développer cette idée : nous sommes aussi – surtout ? – les députés des électeurs qui n'ont pas voté pour nous, et même de ceux qui ne sont pas allés voter du tout. Nous devons aller chercher et rassembler ceux qui se sont éloignés de la politique, ceux qui n'ont plus confiance dans les élus. Nous voulons tenir le cap, mais nous devons aussi faire monter le plus de gens possible sur le bateau.

Les municipales à Cherbourg-en-Cotentin

« Il était arrivé à ce moment de la vie, variable pour tout homme, où l'être humain s'abandonne à son démon ou à son génie, suit une loi mystérieuse qui lui ordonne de se détruire ou de se dépasser. » J'aime profondément cette phrase de Marguerite Yourcenar, dans *Les Mémoires d'Hadrien*[1]. Elle illustre une vérité profonde de la nature humaine. Elle a particulièrement résonné en moi au cours de l'année écoulée car je crois être parvenue à ce moment-là de ma vie. Je veux me dépasser et, pour moi, cela implique de devenir maire de Cherbourg-en-Cotentin. À l'Assemblée, je ne me sens pas assez utile, pas suffisamment efficace, j'ai besoin d'élargir mon champ d'action. À Cherbourg, je vais me réinventer.

Administrer une ville de cette taille et de cette importance ? Prendre les décisions stratégiques pour son avenir ? Ma formation et mon expérience me donnent une assise, qu'il s'agisse de gestion quotidienne, d'excel-

1. Marguerite Yourcenar, *Les Mémoires d'Hadrien*, *op. cit.*

lence opérationnelle ou encore d'utilisation de l'argent public. Par ailleurs, j'ai eu la possibilité, durant presque trois ans à l'Assemblée nationale, d'approfondir mes connaissances sur de nombreux sujets. La question des comptes publics ou ma participation au groupe d'étude sur l'intégration des personnes en situation de handicap dans le monde du travail pour ne citer que ces deux exemples ne m'ont pas éloignée, bien au contraire, du quotidien des Français.

Hors de Paris, point de salut ? C'est tout l'inverse, je crois. Je ne quitte pas la capitale à regret, car j'ai le goût de cette France des territoires. J'ouvre quotidiennement la presse régionale avec plaisir, et j'aime échanger avec les maires de ma circonscription au sujet d'un tournoi de football ou de l'arrivée d'un nouvel agent dans leur commune. Bref, je n'ai pas d'appétence particulière pour la vie parisienne et les ors de l'Assemblée nationale. Arpenter les marchés, les quais balayés par le vent et partir à la rencontre des habitants là où ils se trouvent, voilà ce qui me tient à cœur, me galvanise. Rien à mes yeux ne vaut la rencontre en direct, le face-à-face, l'échange impromptu ou l'entretien dans ma permanence. J'ai le contact facile, vous l'aurez compris et ce territoire du Nord-Cotentin est loin de m'être inconnu. Si évidemment cela peut prêter à sourire de voir une jeune femme autrefois cadre dans le privé troquer ses dossiers d'économie d'échelle pour se mettre au service de la collectivité, c'est pourtant une réalité. Mon engagement franc et sans faille lors des législatives a été, me semble-t-il, bien compris par les électeurs car malgré des embûches certaines – le parachutage d'un proche du Premier ministre Édouard Philippe, était loin d'être de bon augure –, j'ai réussi à emporter cette 4e circonscription. Je suis fière d'avoir mené et remporté ce duel et c'est aussi cette énergie qui me pousse aujourd'hui à me lancer dans la course aux municipales. La ville de Cherbourg est un port d'attache pour moi si j'ose la métaphore, j'y suis bien installée et j'en connais les particularités. La majeure étant son changement de statut en 2016 où elle devient la commune nouvelle de Cherbourg-en-Cotentin suite au regroupement de cinq communes : Cherbourg-Octeville, La Glacerie, Tourlaville, Équeurdreville-Hainneville et Querqueville. Cette particularité fait d'elle la quatrième ville de Normandie avec près de 80 000 habitants – et quelque 200 000 pour le Cotentin. Le système de gouvernance se partage les territoires et responsabilités entre la commune principale et les communes déléguées, ce qui ne m'empêchera pas d'engager des projets ambitieux dans tous les domaines. C'est un attrait majeur pour le poste de maire à mes yeux que cette multiplicité des sujets d'action, des leviers, même si la question des dotations publiques peut inquiéter. Le tissu économique de Cherbourg-en-Cotentin entre les chantiers navals, l'industrie nucléaire, l'activité portuaire et celle des secteurs métallurgique et agro-alimentaire est dense et en constant mouvement. Charge à mes équipes et à moi-même si les électeurs en font le vœu de poursuivre dans cette voie et de créer de nouveaux atouts à cette ville qui en compte déjà beaucoup.

Ma candidature étant officiellement lancée depuis la fin du mois de novembre 2019, je déploie petit à petit ma campagne, dévoilant aux futurs électeurs le fruit de semaines de réflexion sur le devenir de leur ville. Outre les marchés, les rencontres, les réunions publiques, je vais m'appuyer sur les nouveaux outils de communication pour transmettre mon message. J'axe ma campagne sur la rencontre avec les Cherbourgeois. Diriger une commune, cela passe aussi par l'âme qu'on insuffle. Les Français sont prêts à écouter quelqu'un qui leur dit : « J'ai besoin de vous. » Pourquoi ne pas expliquer davantage, au lieu de donner des leçons arrogantes ? Beaucoup d'élus LREM manquent d'humilité dans leur façon de présenter les choses… Il sera aussi de ma responsabilité de permettre à des personnes compétentes et ancrées dans la réalité d'accéder à des fonctions politiques. Mon équipe sera composée de personnes engagées et expérimentées. Il me semble que les Français, plus méfiants envers la classe politique que jamais, rejetteront ces « professionnels de la politique », leur préférant des femmes et des hommes aguerris, ayant connu le terrain.

La crise des Gilets jaunes m'a profondément fait réfléchir et a été déterminante dans ma décision d'être candidate aux municipales de Cherbourg-en-Cotentin. Je veux pouvoir agir directement sur le quotidien des administrés, répondre à leurs attentes et leur apporter des solutions tangibles et immédiates. Je m'inscris dans le concret et non dans le théorique. La tâche est ardue d'autant que la crise des maires, comme on l'appelle, a mis en lumière les nombreuses difficultés inhérentes à cette fonction. La relation de confiance avec les administrés et le sentiment de solitude vis-à-vis du pouvoir central en sont les deux gros écueils. Je voudrais à mon échelle être en mesure de les faire disparaître.

Il y a dans cette ville magnifique des talents, des énergies et des potentiels énormes, trop longtemps négligés. Cherbourg-en-Cotentin, c'est un peu la belle endormie. Et avec toute mon équipe, nous avons la force et la volonté de la réveiller.

Tunis, autrefois Carthage, fut pendant des siècles l'un des ports les plus puissants et prospères au monde. Sa rade, naturelle celle-là, est une des plus vastes de la Méditerranée. Mes ancêtres phéniciens, grands navigateurs, vinrent commercer et échanger jusqu'à ces côtes de l'Atlantique et de la Manche.

J'ai retrouvé ici les beautés sans cesse renouvelées de la mer et les lumières changeantes des rivages. Cette vocation et cette longue histoire maritime du Cotentin, je la comprends et la partage d'autant mieux que je suis une « enfant de la mer », moi aussi.

De là où je viens, on ne connaît pas forcément Cherbourg-en-Cotentin, même si on a pu voir à la télévision le merveilleux film de Jacques Demy. De Cherbourg, on ne connaît ni les parapluies, ni la romance, mais certains se souviennent peut-être du film en-chanté, de la douce mélodie du regretté Michel Legrand.

J'ai donc quitté un rivage pour en rejoindre un autre, et m'y suis fixée. Comme un aimant, j'ai été attirée par ces rues et avenues, pour y déposer mes valises, pour y goûter le vent qui bruisse, le vent du large, la rade, le port, les mouvements des bateaux, le fort du Roule… Me laisser bercer par les vagues hautes, la mer agitée, si différente du bleu de la Méditerranée. Mais si semblable au fond. Et je me suis imprégnée des vies, des sourires, des rires, des larmes, des joies, des espoirs des gens d'ici.

Je me suis imprégnée de ce mouvement perpétuel, de cette riche histoire, de cette place stratégique disputée par les Anglais aux Français, de cette cité tant aimée de nos monarques. Celle dont Napoleon célébra en ces termes la digue colossale qui nous protège :

« J'avais résolu de renouveler à Cherbourg les merveilles de l'Égypte, j'avais élevé déjà dans la mer ma pyramide. » Puis, bien plus tard, citée à l'ordre de l'armée le 2 juin 1948, elle recevra la Croix de guerre avec palme, en hommage à son patriotisme… Cherbourg, une ville ouverte qui assume son héritage, la seule en France à faire cohabiter une place de la Révolution et une rue Louis XVI, non loin de l'esplanade de la Laïcité ! J'ai intégré l'histoire et le souffle de cette ville, de sa région.

Il faut donner de l'amour à sa ville, et rendre ce qu'elle vous donne. L'anagramme du mot « maire » n'est-il pas « aimer » ?!

Oui, il faudra beaucoup d'amour pour transformer cette ville et la magnifier.

J'y suis prête.

Table

Composition et mise en pages
Nord Compo à Villeneuve-d'Ascq

Imprimé en France par CPI
en janvier 2020

N° d'édition : 59710/01
N° d'impression : 156995